suhrkamp taschenbuch 2545

W9-ADQ-558

Max Frischs Stück *Biedermann und die Brandstifter* ist die Geschichte des Bürgers Gottlieb Biedermann, der die Brandstifter in sein Haus einlädt, um von ihnen – verzweifelte Hoffnung opportunistischer Gutmütigkeit und Einfalt – verschont zu werden. Das Stück entlarvt präzise eine Geisteshaltung, die der Technik des Totalitären zum Erfolg verhilft. *Biedermann und die Brandstifter* – eine politische Parabel, die ihre kritische Kraft nicht aus der Entlarvung der Lüge und der Manipulation bezieht, sondern aus der Inszenierung der biedermännischen Wehrlosigkeit gegenüber Verbrechern, die sich überhaupt nicht tarnen, die vielmehr – woran erinnert das? – von Anfang an sagen, was sie wirklich wollen.

Das »Lehrstück ohne Lehre« wurde am 29. März 1958 am Schauspielhaus Zürich uraufgeführt. Die deutsche Erstaufführung mit der Uraufführung des *Nachspiels* war am 28. September 1958 an den Städtischen Bühnen Frankfurt am Main. *Biedermann und die Brandstifter* gehört seit Jahren nicht nur zum Theaterrepertoire, sondern auch zum Lektürekanon im Deutschunterricht.

Max Frisch, am 15. Mai 1911 in Zürich geboren, starb dort am 4. April 1991. Sein Werk erscheint im Suhrkamp Verlag.

Max Frisch
Biedermann und die
Brandstifter

Ein Lehrstück ohne Lehre

Mit einem Nachspiel

Suhrkamp

Umschlagfoto: Stephan Erfurt

23. Auflage 2020

Erste Auflage 1996
suhrkamp taschenbuch 2545
© Suhrkamp Verlag Frankfurt am Main 1958
Suhrkamp Taschenbuch Verlag
Alle Rechte vorbehalten, insbesondere das
der Übersetzung, des öffentlichen Vortrags sowie
der Übertragung durch Rundfunk und Fernsehen,
auch einzelner Teile.
Kein Teil des Werkes darf in irgendeiner Form
(durch Fotografie, Mikrofilm oder andere Verfahren)
ohne schriftliche Genehmigung des Verlages reproduziert
oder unter Verwendung elektronischer Systeme verarbeitet,
vervielfältigt oder verbreitet werden.
Druck: CPI books GmbH, Leck
Printed in Germany
Umschlag: Göllner, Michels, Zegarzewski
ISBN 978-3-518-39045-0

Biedermann
und die Brandstifter
Ein Lehrstück ohne Lehre

(1957)

Personen: Herr Biedermann · Babette, *seine Frau*
Anna, *ein Dienstmädchen* · Schmitz, *ein Ringer*
Eisenring, *ein Kellner* · Ein Polizist · Ein Dr. phil.
Witwe Knechtling.
Der Chor, *bestehend aus den Mannen der Feuerwehr*

Szene: Eine Stube, ein Dachboden

Die Bühne ist finster, dann leuchtet ein Streichholz auf: man sieht das Gesicht von Herrn Biedermann, der sich eine Zigarre anzündet und jetzt, da es heller wird, sich seinerseits umsieht. Ringsum stehen Feuerwehrmänner in Helmen.

BIEDERMANN Nicht einmal eine Zigarre kann man heutzutage anzünden, ohne an Feuersbrunst zu denken!... das ist ja widerlich – *Biedermann verbirgt die rauchende Zigarre und verzieht sich, worauf die Feuerwehr vortritt in der Art des antiken Chors. Eine Turmuhr schlägt: ein Viertel.*

CHOR Bürger der Vaterstadt, seht
Wächter der Vaterstadt uns,
Spähend,
Horchend,
Freundlichgesinnte dem freundlichen Bürger –

CHORFÜHRER Der uns ja schließlich bezahlt.

CHOR Trefflichgerüstete
Wandeln wir um euer Haus,
Wachsam und arglos zugleich.

CHORFÜHRER Manchmal auch setzen wir uns,
Ohne zu schlafen jedoch, unermüdlich

CHOR Spähend,
Horchend,
Daß sich enthülle Verhülltes,
Eh' es zum Löschen zu spät ist,
Feuergefährliches.
Eine Turmuhr schlägt halb.

CHORFÜHRER Feuergefährlich ist viel,
Aber nicht alles, was feuert, ist Schicksal,
Unabwendbares.

CHOR Anderes nämlich, Schicksal genannt,
Daß du nicht fragest, wie's kommt,
Städtevernichtendes auch, Ungeheures,
Ist Unfug,

7

CHORFÜHRER Menschlicher,
CHOR Allzumenschlicher,
CHORFÜHRER Tilgend das sterbliche Bürgergeschlecht.
Eine Turmuhr schlägt: drei Viertel.
CHOR Viel kann vermeiden Vernunft.
CHORFÜHRER Wahrlich:
CHOR Nimmer verdient es der Gott,
  Nimmer der Mensch,
  Denn der, achtet er Menschliches so,
  Nimmer verdient er den Namen
  Und nimmer die göttliche Erde,
  Die unerschöpfliche,
  Fruchtbar und gnädig dem Menschen,
  Und nimmer die Luft, die er atmet,
  Und nimmer die Sonne –
  Nimmer verdient,
  Schicksal zu heißen, bloß weil er geschehen:
  Der Blödsinn,
  Der nimmerzulöschende einst!
Die Turmuhr schlägt: vier Viertel.
CHORFÜHRER Unsere Wache hat begonnen.
Der Chor setzt sich, während der Stundenschlag tönt: neun Uhr.

Szene 1

Stube
Gottlieb Biedermann sitzt in seiner Stube und liest die Zeitung, eine Zigarre rauchend, und Anna, das Dienstmädchen mit weißem Schürzchen, bringt eine Flasche Wein.
ANNA Herr Biedermann? – *Keine Antwort.*
Herr Biedermann –
Er legt die Zeitung zusammen.
BIEDERMANN Aufhängen sollte man sie. Hab ich's nicht immer gesagt? Schon wieder eine Brandstiftung. Und wieder die-

selbe Geschichte, sage und schreibe: wieder so ein Hausierer, der sich im Dachboden einnistet, ein harmloser Hausierer...

Er nimmt die Flasche.

Aufhängen sollte man sie!

Er nimmt den Korkenzieher.

ANNA Herr Biedermann –

BIEDERMANN Was denn?

ANNA Er ist noch immer da.

BIEDERMANN Wer?

ANNA Der Hausierer, der Sie sprechen möchte.

BIEDERMANN Ich bin nicht zu Hause!

ANNA Das hab ich ihm gesagt, Herr Biedermann, schon vor einer Stunde. Er sagt, er kenne Sie. Herr Biedermann, ich kann diesen Menschen nicht vor die Tür werfen. Ich kann's nicht!

BIEDERMANN Wieso nicht?

ANNA Nämlich er ist sehr kräftig...

Biedermann zieht den Korken.

BIEDERMANN Er soll morgen ins Geschäft kommen.

ANNA Ich hab's ihm gesagt, Herr Biedermann, schon dreimal, aber das interessiert ihn nicht.

BIEDERMANN Wieso nicht?

ANNA Er will kein Haarwasser.

BIEDERMANN Sondern?

ANNA Menschlichkeit...

Biedermann riecht am Korken.

BIEDERMANN Sagen Sie ihm, ich werde ihn eigenhändig vor die Tür werfen, wenn er nicht sofort verschwindet.

Er füllt sorgsam sein Burgunderglas.

Menschlichkeit!...

Er kostet den Wein.

Er soll im Flur draußen warten. Ich komme sofort. Wenn er irgend etwas verkauft, ein Traktat oder Rasierklingen, ich bin kein Unmensch, aber – ich bin kein Unmensch, Anna, das wissen Sie ganz genau! – aber es kommt mir keiner ins Haus. Das habe ich Ihnen schon hundertmal gesagt! Und wenn wir drei freie Betten haben, es kommt nicht in Frage, sag ich, nicht in Frage. Man weiß, wohin das führen kann – heutzutage…

Anna will gehen und sieht, daß der Fremde eben eingetreten ist: ein Athlet, sein Kostüm erinnert halb an Strafanstalt und halb an Zirkus. Tätowierung am Arm, Lederbinde um die Handgelenke. Anna schleicht hinaus. Der Fremde wartet, bis Biedermann seinen Wein gekostet hat und sich umdreht.

SCHMITZ Guten Abend.

Biedermann verliert die Zigarre vor Verblüffung.

Ihre Zigarre, Herr Biedermann –

Er hebt die Zigarre auf und gibt sie Biedermann.

BIEDERMANN Sagen Sie mal –

SCHMITZ Guten Abend!

BIEDERMANN Was soll das heißen? Ich habe dem Mädchen ausdrücklich gesagt, Sie sollen im Flur draußen warten. Wieso – ich muß schon sagen… ohne zu klopfen…

SCHMITZ Meine Name ist Schmitz.

BIEDERMANN Ohne zu klopfen.

SCHMITZ Schmitz Josef.

Schweigen

Guten Abend!

BIEDERMANN Und was wünschen Sie?

SCHMITZ Herr Biedermann brauchen keine Angst haben: Ich bin kein Hausierer!

BIEDERMANN Sondern?

SCHMITZ Ringer von Beruf.

BIEDERMANN Ringer?

SCHMITZ Schwergewicht.

BIEDERMANN Ich sehe.

SCHMITZ Das heißt: gewesen.

BIEDERMANN Und jetzt?

SCHMITZ Arbeitslos.

Pause

Herr Biedermann brauchen keine Angst haben, ich suche keine Arbeit. Im Gegenteil. Die Ringerei ist mir verleidet…

Bin nur gekommen, weil's draußen so regnet.

Pause

Hier ist's wärmer.

Pause

Hoffentlich stör ich nicht. –

Pause

BIEDERMANN Rauchen Sie?

Er bietet Zigarren an.

SCHMITZ Das ist schrecklich, Herr Biedermann, wenn einer so gewachsen ist wie ich. Alle Leute haben Angst vor mir... Danke!

Biedermann gibt ihm Feuer.

Danke.

Sie stehen und rauchen.

BIEDERMANN Kurz und gut, was wünschen Sie?

SCHMITZ Mein Name ist Schmitz.

BIEDERMANN Das sagten Sie schon, ja, sehr erfreut –

SCHMITZ Ich bin obdachlos.

Er hält die Zigarre unter die Nase und kostet den Duft.

Ich bin obdachlos.

BIEDERMANN Wollen Sie – ein Stück Brot?

SCHMITZ Wenn Sie nichts andres haben...

BIEDERMANN Oder ein Glas Wein?

SCHMITZ Brot und Wein... Aber nur wenn ich nicht störe, Herr Biedermann, nur wenn ich nicht störe!

Biedermann geht zur Tür.

BIEDERMANN Anna!

Biedermann kommt zurück.

SCHMITZ Das Mädchen hat mir gesagt, Herr Biedermann will mich persönlich hinauswerfen, aber ich habe gedacht, Herr Biedermann, daß das nicht Ihr Ernst ist...

Anna ist eingetreten.

BIEDERMANN Anna, bringen Sie ein zweites Glas.

ANNA Sehr wohl.

BIEDERMANN Und etwas Brot – ja.

SCHMITZ Und wenn's dem Fräulein nichts ausmacht: etwas

Butter. Etwas Käse oder kaltes Fleisch oder so. Nur keine
Umstände. Ein paar Gurken, eine Tomate oder so, etwas Senf
– was Sie grad haben, Fräulein.

ANNA Sehr wohl.

SCHMITZ Nur keine Umstände!

Anna geht hinaus.

BIEDERMANN Sie kennen mich, haben Sie dem Mädchen gesagt.

SCHMITZ Freilich, Herr Biedermann, freilich.

BIEDERMANN Woher?

SCHMITZ Nur von Ihrer besten Seite, Herr Biedermann, nur von
Ihrer besten Seite. Gestern abend am Stammtisch, ich weiß,
Herr Biedermann haben mich gar nicht bemerkt in der Ecke,
die ganze Wirtschaft hat sich gefreut, Herr Biedermann, jedes
Mal, wenn Sie mit der Faust auf den Tisch geschlagen ha-
ben.

BIEDERMANN Was habe ich denn gesagt?

SCHMITZ Das Einzigrichtige.

Er raucht seine Zigarre, dann:

Aufhängen sollte man sie. Alle. Je rascher, um so besser. Aufhängen. Diese Brandstifter nämlich...

Biedermann bietet einen Sessel an.

BIEDERMANN Bitte. –

Schmitz setzt sich.

SCHMITZ Männer wie Sie, Herr Biedermann, das ist's, was wir
brauchen!

BIEDERMANN Jaja, gewiß, aber –

SCHMITZ Kein Aber, Herr Biedermann, kein Aber! Sie sind noch
vom alten Schrot und Korn, Sie haben noch eine positive Ein-
stellung. Das kommt davon.

BIEDERMANN Gewiß –

SCHMITZ Sie haben noch Zivilcourage.

BIEDERMANN Sicher –

SCHMITZ Das kommt eben davon.

BIEDERMANN Wovon?

SCHMITZ Sie haben noch ein Gewissen, das spürte die ganze
Wirtschaft, ein regelrechtes Gewissen.

BIEDERMANN Jaja, natürlich –

SCHMITZ Herr Biedermann, das ist gar nicht natürlich. Heutzutage. Im Zirkus, wo ich gerungen hab, zum Beispiel – und drum, sehn Sie, ist er dann auch niedergebrannt, der ganze Zirkus! – unser Direktor zum Beispiel, der hat gesagt: Sie können mir, Sepp! – ich heiße doch Josef… Sie können mir! hat er gesagt: Wozu soll ich ein Gewissen haben? Wörtlich. Was ich brauche, um mit meinen Bestien fertigzuwerden, das ist 'ne Peitsche. Wörtlich! So einer war das. Gewissen! hat er gelacht: Wenn einer ein Gewissen hat, so ist es meistens ein schlechtes…

Er raucht genußvoll.

Gott hab ihn selig.

BIEDERMANN Das heißt, er ist tot?

SCHMITZ Verbrannt mit seinem ganzen Plunder…

Eine Standuhr schlägt neun.

BIEDERMANN Versteh nicht, was das Mädchen so lange macht!

SCHMITZ Ich hab Zeit. –

Es gibt sich, daß sie einander plötzlich in die Augen blicken.

Sie haben auch kein freies Bett im Haus, Herr Biedermann, das Mädchen sagte es schon –

BIEDERMANN Warum lachen Sie?

SCHMITZ Leider kein freies Bett! das sagen nämlich alle, kaum daß ein Obdachloser – und dabei will ich gar kein Bett.

BIEDERMANN Nein?

SCHMITZ Ich bin's gewohnt, Herr Biedermann, auf dem Boden zu schlafen. Mein Vater war Köhler. Ich bin's gewohnt…

Er raucht vor sich hin.

Kein Aber, Herr Biedermann, kein Aber! sag ich: Sie sind keiner von denen, der in der Wirtschaft ein großes Maul verreißt, weil er Schiß hat. Ihnen glaub ich's. Leider kein freies Bett! – das sagen alle – aber Ihnen, Herr Biedermann, glaub ich aufs Wort… Wo führt das noch hin, wenn keiner mehr dem andern glaubt? Ich sag immer: Wo führt das noch hin, Kinder! jeder hält den andern für einen Brandstifter, nichts als Mißtrauen in der Welt. Oder hab ich nicht recht? Das spürte die ganze Wirtschaft, Herr Biedermann: Sie glauben noch an das Gute in den Menschen und in sich selbst. Oder hab ich nicht recht? Sie sind der erste Mensch in dieser Stadt, der unsereinen nicht einfach wie einen Brandstifter behandelt –

BIEDERMANN Hier ist ein Aschenbecher.

SCHMITZ Oder hab ich nicht recht?

Er schlägt sorgsam die Asche seiner Zigarre ab.

Die meisten Leute heutzutage glauben nicht an Gott, sondern an die Feuerwehr.

BIEDERMANN Was wollen Sie damit sagen?

SCHMITZ Die Wahrheit.

Anna bringt ein Tablettchen.

ANNA Kaltes Fleisch haben wir keins.

SCHMITZ Das genügt, Fräulein, das genügt – nur den Senf haben Sie noch vergessen.

ANNA Entschuldigung!

Anna geht hinaus.

BIEDERMANN Essen Sie! –

Biedermann füllt die Gläser.

SCHMITZ Nicht überall, Herr Biedermann, wird man so empfangen. Das kann ich Ihnen sagen! Ich habe schon Dinge erlebt – Kaum tritt unsereiner über die Schwelle, Mann ohne Krawatte, obdachlos, hungrig: Nehmen Sie Platz! heißt es, und hintenherum rufen sie die Polizei. Was finden Sie dazu? Ich frage nach einem Obdach, nichts weiter, ein braver Ringer, der sein Leben lang gerungen hat; da packt so ein Herr, der noch nie gerungen hat, unsereinen am Kragen – Wieso? frag ich und dreh mich bloß um, bloß um ihn anzublicken, schon hat er die Schulter gebrochen.

Er nimmt das Glas.

Prost!

Sie trinken, und Schmitz beginnt zu futtern.

BIEDERMANN Es ist halt so eine Sache, mein Herr, heutzutage. Keine Zeitung kann man mehr aufschlagen: Schon wieder so eine Brandstifterei! Und wieder die alte Geschichte, sage und

schreibe: Wieder ein Hausierer, der um Obdach bittet, und am
andern Morgen steht das Haus in Flammen... Ich meine nur –
offengesprochen: Ich kann ein gewisses Mißtrauen schon verstehen.

Er greift zu einer Zeitung.

Hier: bitte!

Er legt ihm die offene Zeitung neben den Teller.

SCHMITZ Ich hab's gelesen.

BIEDERMANN Ein ganzer Stadtteil.

Er erhebt sich, um es Schmitz zu zeigen.

Hier: lesen Sie das!

Schmitz futtert und liest und trinkt.

SCHMITZ Beaujolais?

BIEDERMANN Ja.

SCHMITZ Dürfte noch etwas wärmer sein...

Er liest über den Teller hinweg.

»– scheint es, daß die Brandstiftung nach dem gleichen Muster
geplant und durchgeführt worden ist wie schon das letzte
Mal.« *Sie geben einander einen Blick.*

BIEDERMANN Ist das nicht unglaublich?!

Schmitz legt die Zeitung weg.

SCHMITZ Drum les ich ja keine Zeitungen.

BIEDERMANN Wie meinen Sie das?

SCHMITZ Weil's immer wieder dasselbe ist.

BIEDERMANN Jaja, mein Herr, natürlich, aber – das ist doch
keine Lösung, mein Herr, einfach keine Zeitung lesen;
schließlich und endlich muß man doch wissen, was einem be-
vorsteht.

SCHMITZ Wozu?

BIEDERMANN Einfach so.

SCHMITZ Es kommt ja doch, Herr Biedermann, es kommt ja
doch!

Er riecht an der Wurst.

Gottesgericht.

Er schneidet sich Wurst ab.

BIEDERMANN Meinen Sie?

Anna bringt den Senf.

SCHMITZ Danke, Fräulein, danke!

ANNA Sonst noch etwas?

SCHMITZ Heute nicht.

Anna bleibt bei der Türe.

Senf ist nämlich meine Leibspeise –

Er drückt Senf aus der Tube.

BIEDERMANN Wieso Gottesgericht?!

SCHMITZ Weiß ich's...

Er futtert und blickt nochmals in die Zeitung.

»– scheint es den Sachverständigen, daß die Brandstiftung nach dem gleichen Muster geplant und durchgeführt worden ist wie schon das letzte Mal.«

Er lacht kurz, dann füllt er sein Glas mit Wein.

ANNA Herr Biedermann?

BIEDERMANN Was denn?

ANNA Herr Knechtling möchte Sie sprechen.

BIEDERMANN Knechtling? Jetzt? Knechtling?

ANNA Er sagt –

BIEDERMANN Kommt nicht in Frage.

ANNA Er könne Sie gar nicht verstehen –

BIEDERMANN Wozu muß er mich verstehen?

ANNA Er habe eine kranke Frau und drei Kinder –

BIEDERMANN Kommt nicht in Frage! sag ich.

Er ist aufgestanden vor Ungeduld.

Herr Knechtling! Herr Knechtling! Herr Knechtling soll mich gefälligst in Ruh lassen, Herrgott nochmal, oder er soll einen Anwalt nehmen. Bitte! Ich habe Feierabend. Herr Knechtling! Ich verbitte mir dieses Getue wegen einer Kündigung. Lächerlich! Und dabei gibt's heutzutage Versicherungen wie noch nie in der Geschichte der Menschheit... Ja! Soll er einen Anwalt nehmen. Bitte! Ich werde auch einen Anwalt nehmen. Beteiligung an seiner Erfindung. Soll er sich unter den Gasherd legen oder einen Anwalt nehmen – bitte! – wenn Herr Knechtling es sich leisten kann, einen Prozeß zu verlieren oder zu gewinnen. Bitte! Bitte!

Er beherrscht sich mit Blick auf Schmitz.

Sagen Sie Herrn Knechtling: Ich habe Besuch.

Anna geht hinaus.

Sie entschuldigen!

SCHMITZ Sie sind hier zu Haus, Herr Biedermann.

BIEDERMANN Schmeckt es denn?

Er setzt sich und schaut zu, wie der Gast genießt.

SCHMITZ Wer hätte gedacht, ja, wer hätte gedacht, daß es das
  noch gibt! Heutzutage.

BIEDERMANN Senf?

SCHMITZ Menschlichkeit.

Er schraubt die Tube wieder zu.

Ich meine nur so: Daß Sie mich nicht einfach am Kragen pak-
  ken, Herr Biedermann, um unsereinen einfach auf die Straße
  zu werfen – hinaus in den Regen! – sehen Sie, das ist's, Herr
  Biedermann, was wir brauchen: Menschlichkeit.

Er nimmt die Flasche und gießt sich ein.

Vergelt's Gott. *Er trinkt und genießt es sichtlich.*

BIEDERMANN Sie müssen jetzt nicht denken, Herr Schmitz, daß
  ich ein Unmensch sei –

SCHMITZ Herr Biedermann!

BIEDERMANN Frau Knechtling nämlich behauptet das!

SCHMITZ Wenn Sie ein Unmensch wären, Herr Biedermann,
  dann würden Sie mir heute nacht kein Obdach geben, das ist
  mal klar.

BIEDERMANN Nicht wahr?

SCHMITZ Und wenn's auch nur auf dem Dachboden ist.

Er stellt das Glas nieder.

Jetzt ist er richtig, unser Wein.

Es klingelt an der Haustür.

Polizei –?

BIEDERMANN Meine Frau –

SCHMITZ Hm.

Es klingelt nochmals.

BIEDERMANN Kommen Sie!... Aber unter einer Bedingung,
  mein Herr: Kein Lärm! Meine Frau ist herzkrank –

*Man hört Frauenstimmen draußen, und Biedermann winkt
dem Schmitz, daß er sich beeile, und hilft, Tablettchen und
Glas und Flasche werden mitgenommen, sie gehen auf Fuß-
spitzen nach rechts, wo aber der Chor sitzt.*

BIEDERMANN Sie entschuldigen!

Er steigt über die Bank.

SCHMITZ Sie entschuldigen!

*Er steigt über die Bank, und sie verschwinden, während von
links Frau Biedermann in die Stube tritt, begleitet von Anna,
die ihr die Sachen abnimmt.*

BABETTE Wo ist mein Mann? Sie wissen, Anna, wir sind keine
Spießer: Sie können einen Schatz haben, aber ich will nicht,
Anna, daß Sie ihn im Haus verstecken.

ANNA Frau Biedermann, ich hab aber keinen.

BABETTE Und wem gehört das rostige Fahrrad, das unten neben
unsrer Haustüre steht? Ich bin ja zu Tod erschrocken –

*Dachboden
Biedermann knipst das Licht an, man sieht den Dachboden,
er winkt dem Schmitz, daß er eintreten soll, es wird nur geflüstert.*

BIEDERMANN Hier ist der Schalter... Wenn Sie kalt haben, irgendwo gibt's ein altes Schaffell, glaub ich – aber leise, Herrgott nochmal... Ziehn Sie die Schuhe aus!

Schmitz stellt das Tablettchen ab und zieht einen Schuh aus.

Herr Schmitz –

SCHMITZ Herr Biedermann?

BIEDERMANN Sie versprechen es mir aber: Sie sind aber wirklich
kein Brandstifter?

Schmitz muß lachen.

Scht!

*Er nickt gut' Nacht, geht hinaus und macht die Türe zu,
Schmitz zieht den anderen Schuh aus.*

Stube
Babette hat etwas gehört und horcht, sie blickt entsetzt, dann
plötzlich Erleichterung, sie wendet sich an den Zuschauer.

BABETTE Mein Mann, der Gottlieb, hat mir versprochen, jeden
Abend persönlich auf den Dachboden zu gehen, um persönlich nachzuschauen, ob kein Brandstifter da ist. Ich bin ihm
dankbar. Sonst könnte ich nämlich die halbe Nacht lang nicht
schlafen...

Dachboden
Schmitz geht zum Schalter, jetzt in Socken, und löscht das
Licht.

Chor
Bürger der Vaterstadt, seht
Wachen uns, Wächter der Unschuld,
Arglos noch immer,
Freundlichgesinnte der schlafenden Stadt,
Sitzend,
Stehend –

CHORFÜHRER Manchmal eine Pfeife stopfend zur Kurzweil.

CHOR Spähend,
Horchend,
Daß nicht ein Feuer aus traulichen Dächern
Lichterloh
Tilge die Vaterstadt uns.
Eine Turmuhr schlägt drei.

CHORFÜHRER Jedermann weiß, daß wir da sind, und weiß:
Anruf genügt.
Er stopft sich die Pfeife.

CHOR Wer denn macht Licht in der Stube
Um diese Stunde?
Wehe, in nervenzerrüttetem Zustand
Schlaflos-unselig
Seh ich die Gattin.
Babette erscheint im Morgenrock.

BABETTE Da hustet einer!...

Man hört Schnarchen.

Gottlieb! Hörst du's denn nicht?

Man hört Husten.

Da ist doch einer!...

Man hört Schnarchen.

Männer! dann nehmen sie einfach ein Schlafpulver.

Eine Turmuhr schlägt vier.

CHORFÜHRER 's ist vier Uhr.

Babette löscht das Licht wieder.

CHORFÜHRER Aber ein Anruf kam nicht.

Er steckt die Pfeife wieder ein, es wird hell im Hintergrund.

CHOR Strahl der Sonne,

Wimper, o göttlichen Auges,

Aufleuchtet noch einmal Tag

Über den traulichen Dächern der Stadt.

    Heil uns!

Nichts ist geschehen der nächtlichen Stadt,

Heute noch nichts...

    Heil uns!

Der Chor setzt sich.

Szene 2

Stube

*Biedermann steht in Mantel und Hut, Ledermappe unterm
Arm, trinkt seinen Morgenkaffee und spricht zur Stube hinaus.*

BIEDERMANN – – zum letzten Mal: Er ist kein Brandstifter.

STIMME Woher weißt du das?

BIEDERMANN Ich habe ihn ja selbst gefragt... Und überhaupt:
Kann man eigentlich nichts anderes mehr denken in dieser
Welt? Das ist ja zum Verrücktwerden, ihr mit euren Brand-
stiftern die ganze Zeit –

Babette kommt mit einem Milchkrug.

Zum Verrücktwerden!

BABETTE Schrei mich nicht an.

BIEDERMANN Ich schrei nicht dich an, Babette, ich schreie ganz allgemein. *Sie gießt Milch in seine Tasse.*

Ich muß ja gehn!

Er trinkt seinen Kaffee, der zu heiß ist.

Wenn man jedermann für einen Brandstifter hält, wo führt das hin? Man muß auch ein bißchen Vertrauen haben, Babette, ein bißchen Vertrauen –

Er blickt auf seine Armbanduhr.

BABETTE Du bist zu gutmütig. Das mach ich nicht mit, Gottlieb. Du läßt dein Herz sprechen, während ich die ganze Nacht nicht schlafen kann... ich will ihm ein Frühstück geben, aber dann, Gottlieb, schick ich ihn auf den Weg.

BIEDERMANN Tu das.

BABETTE In aller Freundlichkeit, weiß du, ohne zu kränken.

BIEDERMANN Tu das.

Er stellt die Tasse hin.

Ich muß zum Rechtsanwalt.

Er gibt Babette einen Gewohnheitskuß, in diesem Augenblick erscheint Schmitz, der ein Schaffell trägt; sie sehen ihn noch nicht.

BABETTE Warum hast du Knechtling entlassen?

BIEDERMANN Weil ich ihn nicht mehr brauche.

BABETTE Du warst immer so zufrieden mit ihm.

BIEDERMANN Das ist es ja, was er ausnutzen will. Beteiligung an seiner Erfindung! Und dabei weiß Knechtling ganz genau, was unser Haarwasser ist: eine kaufmännische Leistung, aber keine Erfindung. Lächerlich! Die guten Leute, die unser Haarwasser auf die Glatze streichen, könnten ebensogut ihren eigenen Harn –

BABETTE Gottlieb!

BIEDERMANN Es ist aber auch wahr!

Er vergewissert sich, ob er alles in der Mappe hat.

Ich bin zu gutmütig, du hast recht: Diesem Knechtling werde ich die Kehle schon umdrehn.

Er will gehen und sieht Schmitz.

SCHMITZ Guten Morgen, die Herrschaften!

BIEDERMANN Herr Schmitz –

Schmitz streckt ihm die Hand hin.

SCHMITZ Sagen Sie doch einfach Sepp!

Biedermann gibt seine Hand nicht.

BIEDERMANN – meine Frau wird mit Ihnen sprechen, Herr Schmitz. Ich muß gehen. Leider. Ich wünsche Ihnen aber alles Gute...

Er schüttelt dem Schmitz die Hand.

Alles Gute, Sepp, alles Gute!

Biedermann geht weg.

SCHMITZ Alles Gute, Gottlieb, alles Gute!

Babette starrt ihn an.

Ihr Mann heißt doch Gottlieb?...

BABETTE Wie haben Sie geschlafen?

SCHMITZ Danke, kalt. Aber ich habe mir gestattet, Madame, das Schaffell zu nehmen – Erinnert mich an meine Jugend in den Köhlerhütten... Ja – Bin die Kälte gewohnt...

BABETTE Ihr Frühstück ist bereit.

SCHMITZ Madame!

Sie weist ihm den Sessel an.

Das kann ich nicht annehmen!

Sie füllt seine Tasse.

BABETTE Sie müssen tüchtig essen, Sepp. Sie haben sicherlich einen langen Weg vor sich.

SCHMITZ Wieso?

Sie weist ihm nochmals den Sessel an.

BABETTE Nehmen Sie ein weiches Ei?

SCHMITZ Zwei.

BABETTE Anna!

SCHMITZ Sie sehen, Madame, ich fühl mich schon wie zu Haus... Ich bin so frei –

Er setzt sich, Anna ist eingetreten.

BABETTE Zwei weiche Eier.

ANNA Sehr wohl.

SCHMITZ Dreieinhalb Minuten.

ANNA Sehr wohl.

Anna will gehen.

SCHMITZ Fräulein!

Anna steht in der Tür.

Guten Tag!

ANNA Tag.

Anna geht hinaus.

SCHMITZ Wie das Fräulein mich ansieht! Verdammt nochmal! Wenn's auf die ankäme, ich glaub, ich stünde draußen im strömenden Regen.

Babette gießt Kaffee ein.

BABETTE Herr Schmitz –

SCHMITZ Ja?

BABETTE Wenn ich offen sprechen darf: –

SCHMITZ Sie zittern, Madame!?

BABETTE Herr Schmitz –

SCHMITZ Was bekümmert Sie?

BABETTE Hier ist Käse.

SCHMITZ Danke.

BABETTE Hier ist Marmelade.

SCHMITZ Danke.

BABETTE Hier ist Honig.

SCHMITZ Eins nach dem andern, Madame, eins nach dem andern!

Er lehnt zurück und ißt sein Butterbrot, zum Hören bereit.

Was ist's?

BABETTE Rundheraus, Herr Schmitz –

SCHMITZ Sagen Sie doch einfach Sepp.

BABETTE Rund heraus –

SCHMITZ Sie möchten mich los sein?

BABETTE Nein, Herr Schmitz, nein! so würd ich es nicht sagen –

SCHMITZ Wie würden Sie's denn sagen?

Er nimmt Käse.

Tilsiter ist nämlich meine Leibspeis.

Er lehnt wieder zurück und futtert, zum Hören bereit.

Madame halten mich also für einen Brandstifter –

BABETTE Mißverstehen Sie mich nicht! Was hab ich denn gesagt?
Nichts liegt mir ferner, Herr Schmitz, als Sie zu kränken. Eh-
renwort! Sie haben mich ganz verwirrt. Wer redet denn von
Brandstiftern! Ich beklage mich ja in keiner Weise, Herr
Schmitz, über Ihr Benehmen –
Schmitz legt das Besteck nieder.
SCHMITZ Ich weiß: Ich hab kein Benehmen.
BABETTE Nein, Herr Schmitz, das ist es nicht –
SCHMITZ Ein Mensch, der schmatzt –
BABETTE Unsinn –
SCHMITZ Das haben sie mir schon im Waisenhaus immer gesagt:
Schmitz, schmatze nicht!
Sie nimmt die Kanne, um Kaffee einzugießen.
BABETTE Sie mißverstehen mich, ach Gott, vollkommen.
Er hält die Hand auf seine Tasse.
SCHMITZ Ich geh.
BABETTE Herr Schmitz –
SCHMITZ Ich geh.
BABETTE Noch eine Tasse?
Er schüttelt den Kopf.
BABETTE Eine halbe?
Er schüttelt den Kopf.
So dürfen Sie nicht gehen, Herr, ich habe Sie nicht kränken
wollen, Herr, ich habe doch kein Wort gesagt, daß Sie schmat-
zen!
Er erhebt sich.
Habe ich Sie gekränkt?
Er faltet die Serviette zusammen.
SCHMITZ Was können Madame dafür, daß ich kein Benehmen
habe! Mein Vater war Köhler. Woher soll unsereiner ein Be-
nehmen haben! Hungern und frieren, Madame, das macht mir
nichts, aber – keine Bildung, Madame, kein Benehmen, Ma-
dame, keine Kultur...
BABETTE Ich versteh.
SCHMITZ Ich geh.
BABETTE Wohin?

SCHMITZ Hinaus in den Regen...

BABETTE Ach Gott.

SCHMITZ Bin ich gewohnt.

BABETTE Herr Schmitz... Blicken Sie mich nicht so an! – Ihr Vater war Köhler, das sehe ich doch ein, Herr Schmitz, Sie haben sicherlich eine harte Jugend gehabt –

SCHMITZ Überhaupt keine, Madame.

Er senkt den Blick und fingert an seinen Fingern herum.

Überhaupt keine. Ich zählte sieben Jahr, als meine Mutter starb...

Er dreht sich und wischt sich die Augen.

BABETTE Sepp! – aber Sepp...

Anna kommt und bringt die weichen Eier.

ANNA Sonst noch etwas?

. *Anna bekommt keine Antwort und geht hinaus.*

BABETTE Ich schicke Sie gar nicht fort, mein Herr, das habe ich ja gar nicht gesagt. Was habe ich denn gesagt? Sie mißverstehen mich wirklich, Herr Schmitz, das ist ja furchtbar. Was kann ich denn tun, daß Sie mir glauben?

Sie faßt ihn (nicht ohne Zögern) am Ärmel.

Kommen Sie, Sepp, essen Sie!

Schmitz setzt sich wieder an den Tisch.

Wofür halten Sie uns! Ich habe nicht bemerkt, daß Sie schmatzen, Ehrenwort! Und wenn schon: Wir geben nichts auf Äußerlichkeiten, Herr Schmitz, das müssen Sie doch spüren, Herr Schmitz, wir sind nicht so...

Er köpft sein Ei.

SCHMITZ Vergelt's Gott!

BABETTE Hier ist Salz.

Er löffelt das Ei.

SCHMITZ 's ist wahr, Madame haben mich ja gar nicht fortgeschickt, kein Wort davon, 's ist wahr. Bitte um Entschuldigung, daß ich Madame so mißverstanden habe...

BABETTE Ist es denn richtig, das Ei?

SCHMITZ Etwas weich... Bitte sehr um Entschuldigung.

Er hat es ausgelöffelt.

Was haben Sie denn sagen wollen, Madame, vorher als Sie sagten: Rundheraus!

BABETTE Ja, was hab ich eigentlich sagen wollen...

Er köpft das zweite Ei.

SCHMITZ Vergelt's Gott.

Er löffelt das zweite Ei.

Der Willi, der sagt immer, das gibt's gar nicht mehr: die private Barmherzigkeit. Es gibt heutzutage keine feinen Leute mehr. Verstaatlichung! Es gibt keine Menschen mehr. Sagt er! – drum geht die Welt in den Eimer – drum!...

Er salzt das Ei.

Der wird Augen machen! – wenn er ein solches Frühstück bekommt, der wird Augen machen!... Der Willi!

Es klingelt an der Haustür.

SCHMITZ Vielleicht ist er das.

Es klingelt an der Haustür.

BABETTE Wer ist der Willi?

SCHMITZ Der hat Kultur, Madame, Sie werden sehen, der ist doch Kellner gewesen damals im Metropol, bevor's niedergebrannt ist, das Metropol –

BABETTE Niedergebrannt?

SCHMITZ Oberkellner.

Anna ist eingetreten.

BABETTE Wer ist's?

ANNA Ein Herr.

BABETTE Und was will er?

ANNA Von der Feuerversicherung, sagt er, nämlich er müsse sich das Haus ansehen.

Babette erhebt sich.

Er trägt einen Frack –

Babette und Anna gehen hinaus, Schmitz gießt sich Kaffee ein.

SCHMITZ Der Willi!

Chor
Nun aber sind es schon zwei,
Die unsern Argwohn erwecken,

Fahrräder nämlich, verrostete, die
Jemand gehören, doch wem?

CHORFÜHRER Eines seit gestern, das andre seit heut.

CHOR Wehe!

CHORFÜHRER Wieder ist Nacht, und wir wachen.

Eine Turmuhr schlägt.

CHOR Viel sieht, wo nichts ist, der Ängstliche,
Den nämlich schreckt schon der eigene Schatten,
Kampfmutig findet ihn jedes Gerücht,
So daß er strauchelt,
So, schreckhaft, lebt er dahin,
Bis es eintritt:
In seine Stube.

Die Turmuhr schlägt.

CHORFÜHRER Daß sie das Haus nicht verlassen, die zwei,
Wie soll ich's deuten?

Die Turmuhr schlägt.

CHOR Blinder als blind ist der Ängstliche,
Zitternd vor Hoffnung, es sei nicht das Böse,
Freundlich empfängt er's,
Wehrlos, ach, müde der Angst,
Hoffend das beste...
Bis es zu spät ist.

Die Turmuhr schlägt.

CHOR Wehe!

Der Chor setzt sich.

Szene 3

Dachboden
Schmitz, immer im Kostüm des Ringers, und der Andere, der
seinen Frack ausgezogen hat und nur die weiße Weste trägt,
sind dabei, Fässer in den Estrich zu rollen, Fässer aus Blech,
wie sie zum Transport von Benzin üblich sind, alles so leise als
möglich; beide haben ihre Schuhe ausgezogen.

DER ANDERE Leise! Leise!

SCHMITZ Und wenn er auf die Idee kommt und die Polizei ruft?

DER ANDERE Vorwärts!

SCHMITZ Was dann?

DER ANDERE Langsam! Langsam... Halt.

Sie haben das Faß zu den andern gerollt, die schon im Däm-
merdunkel stehen; der Andere nimmt Putzfäden, um sich die
Finger zu wischen.

DER ANDERE Wieso soll er die Polizei rufen?

SCHMITZ Wieso nicht?

DER ANDERE Weil er selber strafbar ist.

Man hört Gurren von Tauben.

's ist leider Tag, gehn wir schlafen!

Er wirft die Putzfäden weg.

Jeder Bürger ist strafbar, genaugenommen, von einem gewissen Einkommen an. Mach dir keine Sorge!...

Es klopft an der verriegelten Tür.

BIEDERMANN Aufmachen! Aufmachen!

Es poltert und rüttelt.

DER ANDERE Das tönt aber nicht nach Frühstück.

BIEDERMANN Aufmachen! sag ich. Sofort!

SCHMITZ So war er noch nie.

Es poltert mehr und mehr. Der Andere zieht seinen Frack an.
Ohne Hast, aber flink. Er zieht die Krawatte zurecht und
wischt sich den Staub ab, dann öffnet er die Tür: – eintritt Bie-
dermann im Morgenrock, wobei er den neuen Gesellen, da
dieser hinter der aufgehenden Tür steht, nicht bemerkt.

BIEDERMANN Herr Schmitz!

SCHMITZ Guten Morgen, Herr Biedermann, guten Morgen,
hoffentlich hat Sie das blöde Gepolter nicht geweckt –

BIEDERMANN Herr Schmitz!

SCHMITZ Soll nie wieder vorkommen.

BIEDERMANN Sie verlassen mein Haus. –

Pause

Ich sage: Sie verlassen mein Haus!

SCHMITZ Wann?

BIEDERMANN Sofort.

SCHMITZ Wieso?

BIEDERMANN Oder meine Frau (ich kann und ich werde es nicht hindern!) ruft die Polizei.

SCHMITZ Hm.

BIEDERMANN Und zwar sofort!

Pause

Worauf warten Sie?

Schmitz, stumm, nimmt seine Schuhe.

Ich will keine Diskussion!

SCHMITZ Ich sag ja gar nichts.

BIEDERMANN Wenn Sie meinen, Herr Schmitz, ich lasse mir alles gefallen, bloß weil Sie ein Ringer sind – ein solches Gepolter die ganze Nacht –

Er zeigt mit gestrecktem Arm zur Tür.

Hinaus! Hinaus! sag ich. Hinaus!

Schmitz spricht zum Andern hinüber.

SCHMITZ So war er noch nie...

Biedermann dreht sich um und ist sprachlos.

DER ANDERE Mein Name ist Eisenring.

BIEDERMANN Meine Herrn –?

EISENRING Wilhelm Maria Eisenring.

BIEDERMANN Wieso, meine Herrn, wieso sind Sie plötzlich zwei?

Schmitz und Eisenring blicken einander an.

Ohne zu fragen!

EISENRING Siehst du.

BIEDERMANN Was soll das heißen?

EISENRING Ich hab's dir ja gesagt. Das macht man nicht, Sepp, du hast kein Benehmen. Ohne zu fragen. Was ist das für eine Art: – plötzlich sind wir zwei.

BIEDERMANN Ich bin außer mir.

EISENRING Siehst du!

Er wendet sich an Biedermann.

Ich hab es ihm gesagt!

Er wendet sich an Schmitz.

Hab ich es dir nicht gesagt?

Schmitz schämt sich.

BIEDERMANN Was stellen Sie sich eigentlich vor, meine Herren?
Schließlich und endlich, meine Herren, bin ich der Hauseigentümer. Ich frage: Was stellen Sie sich eigentlich vor?

Pause

EISENRING Antworte, wenn der Herr dich fragt!

Pause

SCHMITZ Der Willi ist doch mein Freund...

BIEDERMANN Was weiter?

SCHMITZ Wir sind doch zusammen in die Schule gegangen, Herr
Biedermann, schon als Kinder...

BIEDERMANN Und?

SCHMITZ Da hab ich gedacht...

BIEDERMANN Was?

SCHMITZ Da hab ich gedacht...

Pause

EISENRING Nichts hast du gedacht!

Er wendet sich an Biedermann.

Ich versteh Sie vollkommen, Herr Biedermann. Alles was
recht ist, aber schließlich und endlich –

Er schreit Schmitz an.

Meinst du eigentlich, ein Hauseigentümer braucht sich alles
gefallen zu lassen?

Er wendet sich an Biedermann.

Der Sepp hat Sie überhaupt nicht gefragt?

BIEDERMANN Kein Wort!

EISENRING Sepp –

BIEDERMANN Kein Wort!

EISENRING – und dann wunderst du dich, wenn man dich auf die
Straße wirft?

Er schüttelt den Kopf und lacht wie über einen Dummkopf.

BIEDERMANN Es ist nicht zum Lachen, meine Herren. Es ist mir
bitterernst, meine Herren. Meine Frau ist herzkrank –

EISENRING Siehst du!

BIEDERMANN Meine Frau hat die halbe Nacht nicht geschlafen.

Wegen dieser Polterei. Und überhaupt: – Was machen Sie da eigentlich?
Er sieht sich um.
Was, zum Teufel, sollen diese Fässer hier?
Schmitz und Eisenring sehen dahin, wo keine Fässer sind.
Hier! Bitte! Was ist das?
Er klopft auf ein Faß.
Was ist das?
SCHMITZ Fässer...
BIEDERMANN Wo kommen die her?
SCHMITZ Weißt du's, Willi? wo sie herkommen.
EISENRING Import, es steht drauf.
BIEDERMANN Meine Herren –
EISENRING Irgendwo steht's drauf!
Eisenring und Schmitz suchen die Anschrift.
BIEDERMANN Ich bin sprachlos. Was stellen Sie sich eigentlich vor? Mein ganzer Dachboden voll Fässer – gestapelt, geradezu gestapelt!
EISENRING Ja eben.
BIEDERMANN Was wollen Sie damit sagen?
EISENRING Der Sepp hat sich verrechnet... Zwölf auf fünfzehn Meter! hast du gesagt, und dabei hat er keine hundert Quadratmeter, dieser ganze Dachboden... Ich kann meine Fässer nicht auf der Straße lassen, Herr Biedermann, das werden Sie verstehen.
BIEDERMANN Nichts verstehe ich – *Schmitz zeigt eine Etikette.*
SCHMITZ Hier, Herr Biedermann, hier ist die Etikette!
BIEDERMANN Ich bin sprachlos –
SCHMITZ Hier steht's, wo sie herkommen. Hier.
BIEDERMANN – einfach sprachlos.
Er betrachtet die Etikette.

Unten
Anna führt einen Polizisten in die Stube.
ANNA Ich werde ihn rufen.
Sie geht, und der Polizist wartet.

Oben
BIEDERMANN Benzin!? –

Unten
Anna kommt nochmals zurück.
ANNA Und worum handelt es sich, Herr Wachtmeister?
POLIZIST Geschäftlich.
Anna geht, und der Polizist wartet.

Oben
BIEDERMANN Ist das wahr, meine Herren, ist das wahr?
EISENRING Was?
BIEDERMANN Was auf dieser Etikette steht.
Er zeigt ihnen die Etikette.
Wofür halten Sie mich eigentlich? Das ist mir noch nicht vor-
gekommen. Glauben Sie eigentlich, ich kann nicht lesen?
Sie betrachten die Etikette.
Bitte! –
Er lacht, wie man über eine Unverschämtheit lacht.
Benzin!
Er spricht wie ein Untersuchungsrichter.
Was ist in diesen Fässern?
EISENRING Benzin.
BIEDERMANN Machen Sie keine Witze! Ich frage zum letzten
Mal, was in diesen Fässern ist. Sie wissen so gut wie ich, daß
Benzin nicht auf den Dachboden gehört –
Er fährt mit dem Finger über ein Faß
Bitte – da: riechen Sie selbst!
Er hält ihnen den Finger unter die Nase.
Ist das Benzin oder ist das kein Benzin?
Sie schnuppern und blicken einander an.
Antworten Sie!
EISENRING Es ist.
SCHMITZ Es ist.
BEIDE Eindeutig.

BIEDERMANN Sind Sie eigentlich wahnsinnig? Mein ganzer Dachboden voll Benzin –

SCHMITZ Drum, Herr Biedermann, rauchen wir auch nicht.

BIEDERMANN Und das, meine Herren, in dieser Zeit, wo man in jeder Zeitung, die man aufschlägt, gewarnt wird. Was denken Sie sich eigentlich? Meine Frau bekommt einen Schlag, wenn sie das sieht.

EISENRING Siehst du!

BIEDERMANN Sagen Sie nicht immer: Siehst du!

EISENRING Das kannst du einer Frau nicht zumuten, Sepp, einer Hausfrau, ich kenne die Hausfrauen –

Anna ruft im Treppenhaus.

ANNA Herr Biedermann! Herr Biedermann!

Biedermann macht die Türe zu.

BIEDERMANN Herr Schmitz! Herr –

EISENRING Eisenring.

BIEDERMANN Wenn Sie diese Fässer nicht augenblicklich aus dem Hause schaffen, aber augenblicklich! sag ich –

EISENRING Dann rufen Sie die Polizei.

BIEDERMANN Ja.

SCHMITZ Siehst du!

Anna ruft im Treppenhaus.

ANNA Herr Biedermann!

Biedermann flüstert.

BIEDERMANN Das war mein letztes Wort!

EISENRING Welches?

BIEDERMANN Ich dulde kein Benzin in meinem Dachstock. Ein für allemal! Ich dulde es nicht.

Es klopft an die Tür.

Ich komme!

Er öffnet die Tür, um zu gehen, und eintritt ein Polizist.

POLIZIST Da sind Sie ja, Herr Biedermann, da sind Sie ja. Sie brauchen nicht herunterzukommen, ich will nicht lange stören.

BIEDERMANN Guten Morgen!

POLIZIST Guten Morgen!

EISENRING Morgen...

SCHMITZ Morgen...

Schmitz und Eisenring verneigen sich.

POLIZIST Es handelt sich um einen Unfall –

BIEDERMANN Um Gottes willen!

POLIZIST Ein alter Mann, dessen Frau behauptet, er habe bei Ihnen gearbeitet – als Erfinder! – hat sich heute nacht unter den Gashahn gelegt.

Er sieht in seinem Notizbüchlein nach.

POLIZIST Knechtling, Johann, wohnhaft Roßgasse 11.

Er steckt das Büchlein ein.

Haben Sie einen solchen gekannt?

BIEDERMANN Ich –

POLIZIST Vielleicht ist's Ihnen lieber, Herr Biedermann, wenn wir unter vier Augen –

BIEDERMANN Ja.

POLIZIST Geht ja die Angestellten nichts an!

BIEDERMANN Nein –

Er bleibt in der Tür stehen.

Wenn mich jemand sucht, meine Herren, ich bin bei der Polizei. Verstanden? Ich komme sofort.

Schmitz und Eisenring nicken.

POLIZIST Herr Biedermann –

BIEDERMANN Gehen wir!

POLIZIST Was haben Sie denn in diesen Fässern da?

BIEDERMANN – ich?

POLIZIST Wenn man fragen darf.

BIEDERMANN ...Haarwasser...

Er blickt zu Schmitz und Eisenring.

EISENRING HORMOFLOR.

SCHMITZ »Die Männerwelt atmet auf.«

EISENRING HORMOFLOR.

SCHMITZ »Versuchen Sie es noch heute.«

EISENRING »Sie werden es nicht bereuen.«

BEIDE HORMOFLOR, HORMOFLOR.

Der Polizist lacht.

BIEDERMANN Ist er tot?

Biedermann und der Polizist gehen.

EISENRING Eine Seele von Mensch.

SCHMITZ Hab ich's nicht gesagt?

EISENRING Aber von Frühstück kein Wort.

SCHMITZ So war er noch nie...

Eisenring greift in seine Hosentasche.

EISENRING Hast du die Zündkapsel?

Schmitz greift in seine Hosentasche.

SCHMITZ So war er noch nie...

Chor
Strahl der Sonne,
Wimper, o göttlichen Auges,
Aufleuchtet noch einmal
Tag
Über den traulichen Dächern der Stadt.

CHORFÜHRER Heute wie gestern.

CHOR Heil uns!

CHORFÜHRER Nichts ist geschehen der schlafenden Stadt.

CHOR Heil uns!

CHORFÜHRER Immer noch nichts...

CHOR Heil uns!

Man hört Verkehrslärm. Hupen, Straßenbahn.

CHORFÜHRER Klug ist und Herr über manche Gefahr,
Wenn er bedenkt, was er sieht,
Der Mensch.
Aufmerkenden Geistes vernimmt er
Zeichen des Unheils
Zeitig genug, wenn er will.

CHOR Was aber, wenn er nicht will?

CHORFÜHRER Der, um zu wissen, was droht,
Zeitungen liest
Täglich zum Frühstück entrüstet
Über ein fernes Ereignis,
Täglich beliefert mit Deutung,

Die ihm das eigene Sinnen erspart,
Täglich erfahrend, was gestern geschah,
Schwerlich durchschaut er, was eben geschieht
Unter dem eigenen Dach: –

CHOR Unveröffentlichtes!

CHORFÜHRER Offenkundiges.

CHOR Hanebüchenes!

CHORFÜHRER Tatsächliches.

CHOR Ungern durchschaut er's denn sonst –

Der Chorführer unterbricht mit einem Zeichen der Hand.

CHORFÜHRER Hier kommt er.

Der Chor schwenkt die Front.

CHOR Nichts ist geschehen der schlafenden Stadt,
Heute wie gestern,
Um zu vergessen, was droht,
Stürzt sich der Bürger
Sauber rasiert
In sein Geschäft...

Auftritt Biedermann in Mantel und Hut, Mappe im Arm.

BIEDERMANN Taxi!... Taxi?... Taxi!

Der Chor steht ihm im Weg.

Was ist los?

CHOR Wehe!

BIEDERMANN Sie wünschen?

CHOR Wehe!

BIEDERMANN Das sagten Sie schon.

CHOR Dreimal Wehe!

BIEDERMANN Wieso?

CHORFÜHRER Allzuverdächtiges, scheint uns,
Feuergefährliches hat sich enthüllt
Unseren Blicken wie deinen.
Wie soll ich's deuten?
Fässer voll Brennstoff im Dach –

Biedermann schreit.

BIEDERMANN Was geht das Sie an!

Schweigen

Lassen Sie mich durch. – Ich muß zu meinem Rechtsanwalt. –

Was will man von mir? – Ich bin unschuldig...

Biedermann scheint verängstigt.

Soll das ein Verhör sein?

Biedermann zeigt herrenhafte Sicherheit.

Lassen Sie mich durch, ja.

Der Chor steht reglos.

CHOR Nimmer geziemt es dem Chor,
Richter zu sein über Bürger, die handeln.

CHORFÜHRER Der nämlich zusieht von außen, der Chor,
Leichter begreift er, was droht.

CHOR Fragend nur, höflich
Noch in Gefahr, die uns schreckt,
Warnend nur, ach kalten Schweißes gefaßt
Naht sich bekanntlich der Chor,
Ohnmächtig-wachsam, mitbürgerlich,
Bis es zum Löschen zu spät ist,
Feuerwehrgleich.

Biedermann blickt auf seine Armbanduhr.

BIEDERMANN Ich bin eilig.

CHOR Wehe!

BIEDERMANN Ich weiß wirklich nicht, was Sie wünschen.

CHORFÜHRER Daß du sie duldest, die Fässer voll Brennstoff,
Biedermann Gottlieb, wie hast du's gedeutet?

BIEDERMANN Gedeutet?

CHORFÜHRER Wissend auch du, wie brennbar die Welt ist, Biedermann Gottlieb, was hast du gedacht?

BIEDERMANN Gedacht?

Er mustert den Chor.

Meine Herrn, ich bin ein freier Bürger. Ich kann denken, was
ich will. Was sollen diese Fragen? Ich habe das Recht, meine
Herrn, überhaupt nichts zu denken – ganz abgesehen davon,
meine Herrn: Was unter meinem Dach geschieht – ich muß
schon sagen, schließlich und endlich bin ich der Hauseigentümer!

CHOR Heilig sei Heiliges uns,
  Eigentum,
  Was auch entstehe daraus,
  Nimmerzulöschendes einst,
  Das uns dann alle versengt und verkohlt:
  Heilig sei Heiliges uns!
BIEDERMANN Also. –
  Schweigen
  Warum lassen Sie mich nicht durch?
  Schweigen
  Man soll nicht immer das Schlimmste denken. Wo führt das
  hin! Ich will meine Ruhe und meinen Frieden haben, nichts
  weiter, und was die beiden Herren betrifft – ganz abgesehen
  davon, daß ich zur Zeit andere Sorgen habe...
  Auftritt Babette in Mantel und Hut.
  Was willst du hier?
BABETTE Stör ich?
BIEDERMANN Ich habe eine Besprechung mit dem Chor. *Babette*
  nickt zum Chor, dann flüstert sie Biedermann ins Ohr.
  Natürlich mit Schleife! Das spielt doch keine Rolle, was er kostet, Hauptsache, daß es ein Kranz ist.
  Babette nickt zum Chor.
BABETTE Sie verzeihen, meine Herren. *Babette entfernt sich.*
BIEDERMANN ...kurz und gut, meine Herren, ich habe es satt,
  ihr mit euren Brandstiftern! Ich geh an keinen Stammtisch
  mehr, so satt hab ich's. Kann man eigentlich nichts andres mehr
  reden heutzutag? Schließlich lebe ich nur einmal. Wenn wir je-
  den Menschen, ausgenommen uns selbst, für einen Brandstifter halten, wie soll es jemals besser werden? Ein bißchen Ver-
  trauen, Herrgottnochmal, muß man schon haben, ein bißchen
  guten Willen. Finde ich. Nicht immer nur das Böse sehen.
  Herrgottnochmal! Nicht jeder Mensch ist ein Brandstifter.
  Finde ich! Ein bißchen Vertrauen, ein bißchen...
  Pause
  Ich kann nicht Angst haben die ganze Zeit!
  Pause

Heute nacht, meinen Sie denn, ich habe ein einziges Auge geschlossen? Ich bin ja nicht blöd. Benzin ist Benzin! Ich habe mir die allerschwersten Gedanken gemacht – auf den Tisch bin ich gestiegen, um zu horchen, und später sogar auf den Schrank, um mein Ohr an die Zimmerdecke zu legen. Jawohl! Geschnarcht haben sie. Geschnarcht! Mindestens viermal bin ich auf den Schrank gestiegen. Ganz friedlich geschnarcht!... Und trotzdem: – Einmal stand ich schon draußen im Treppenhaus, ob Sie's glauben oder nicht, im Pyjama – vor Wut. Ich war drauf und dran, die beiden Halunken zu wecken und auf die Straße zu werfen – mitsamt ihren Fässern! – eigenhändig, rücksichtslos, mitten in der Nacht!

CHOR Eigenhändig?

BIEDERMANN Ja.

CHOR Rücksichtslos?

BIEDERMANN Ja.

CHOR Mitten in der Nacht?

BIEDERMANN Ich war drauf und dran, ja – wäre meine Frau nicht gekommen, die fürchtete, daß ich mich erkälte – drauf und dran!

Er nimmt sich eine Zigarre aus Verlegenheit.

CHORFÜHRER Wie soll ich's abermals deuten?
  Schlaflos verging ihm die Nacht.
  Daß sie die Güte des Bürgers mißbrauchen,
  Schien es ihm denkbar?
  Argwohn befiel ihn. Wieso?
  Biedermann zündet seine Zigarre an.

CHOR Schwer hat es, wahrlich, der Bürger!
  Der nämlich, hart im Geschäft,
  Sonst aber Seele von Mensch,
  Gerne bereit ist,
  Gutes zu tun.

CHORFÜHRER Wo es ihm paßt.

CHOR Hoffend, es komme das Gute
  Aus Gutmütigkeiten,
  Der nämlich irrt sich gefährlich.

BIEDERMANN Was wollen Sie damit sagen?

CHOR Uns nämlich dünkte, es stinkt nach Benzin.

Biedermann schnuppert.

BIEDERMANN Also, meine Herren, ich rieche nichts...

CHOR Weh uns!

BIEDERMANN Rein gar nichts.

CHOR Weh uns!

CHORFÜHRER So schon gewohnt ist er bösen Geruch.

CHOR Weh uns!

BIEDERMANN Und kommen Sie nicht immer mit diesem Defaitismus, meine Herrn, sagen Sie nicht immer: Weh uns!

Man hört ein Auto hupen.

Taxi! – Taxi!

Man hört, wie ein Auto stoppt.

Sie entschuldigen.

Biedermann geht in Eile weg.

CHOR Bürger – wohin!?

Man hört, wie ein Auto losfährt.

CHORFÜHRER Was hat er vor, der Unselige, jetzt?

Ängstlich-verwegen, so schien mir, und bleich
Lief er davon,
Ängstlich-entschlossen: wozu?

Man hört, wie ein Auto hupt.

CHOR So schon gewohnt ist er bösen Geruch!

Man hört das Hupen in der Ferne.

Weh uns!

CHORFÜHRER Weh euch!

Der Chor tritt zurück, ausgenommen der Chorführer, der seine Pfeife nimmt.

CHORFÜHRER Der die Verwandlungen scheut

Mehr als das Unheil,
Was kann er tun
Wider das Unheil?

Er folgt dem Chor.

Dachboden
Eisenring ist allein und arbeitet, indem er Schnur von einem
Haspel wickelt und pfeift dazu: Lili Marlen. Er unterbricht
sein Pfeifen, um den Zeigfinger zu nässen, und hält den Zeig-
finger durch die Lukarne hinaus, um den Wind zu prüfen.

Stube
Eintritt Biedermann, gefolgt von Babette, er zieht seinen
Mantel aus und wirft die Mappe hin, die Zigarre im Mund.

BIEDERMANN Tu, was ich dir sage.

BABETTE Eine Gans?

BIEDERMANN Eine Gans.

Er zieht die Krawatte aus, die Zigarre im Mund.

BABETTE Warum ziehst du die Krawatte aus, Gottlieb?

Er übergibt ihr die Krawatte.

BIEDERMANN Wenn ich sie anzeige, die beiden Gesellen, dann
weiß ich, daß ich sie zu meinen Feinden mache. Was hast du
davon! Ein Streichholz genügt, und unser Haus steht in Flammen. Was hast du davon? Wenn ich hinaufgehe und sie einlade
– sofern sie meine Einladung annehmen...

BABETTE Dann?

BIEDERMANN Sind wir eben Freunde. –

Er zieht seine Jacke aus, übergibt sie seiner Frau und geht.

BABETTE Damit Sie's wissen, Anna: Sie haben dann heute abend
keinen Ausgang. Wir haben Gesellschaft. Sie decken den Tisch
für vier Personen.

Dachboden
Eisenring singt Lili Marlen, dann klopft es an die Tür.

EISENRING Herein!

Er pfeift weiter, aber niemand tritt ein.

Herein!

Eintritt Biedermann, hemdärmelig, die Zigarre in der Hand.

EISENRING Morgen, Herr Biedermann!

BIEDERMANN Sie gestatten?

EISENRING Wie haben Sie geschlafen?

BIEDERMANN Danke, miserabel.

EISENRING Ich auch. Wir haben Föhn…

Er arbeitet weiter mit Schnur und Haspel.

BIEDERMANN Ich möchte nicht stören.

EISENRING Aber bitte, Herr Biedermann, Sie sind hier zu Haus.

BIEDERMANN Ich möchte mich nicht aufdrängen…

Man hört Gurren der Tauben.

Wo ist denn unser Freund?

EISENRING Der Sepp? An der Arbeit, der faule Hund. Wollte nicht gehen ohne Frühstück! Ich hab ihn geschickt, um Holzwolle aufzutreiben.

BIEDERMANN Holzwolle –?

EISENRING Holzwolle trägt die Funken am weitesten.

Biedermann lacht höflich wie über einen schwachen Witz.

BIEDERMANN Was ich habe sagen wollen, Herr Eisenring –

EISENRING Sie wollen uns wieder hinausschmeißen?

BIEDERMANN Mitten in der Nacht (meine Schlafpillen sind alle) ist es mir eingefallen: Sie haben ja hier oben, meine Herren, gar keine Toilette –

EISENRING Wir haben die Dachrinne.

BIEDERMANN Wie Sie wollen, meine Herren, wie Sie wollen. Es ging mir nur so durch den Kopf. Die ganze Nacht. Vielleicht möchten Sie sich waschen oder duschen. Benutzen Sie getrost mein Badezimmer! Ich habe Anna gesagt, sie soll Handtücher hinlegen.

Eisenring schüttelt den Kopf.

Warum schütteln Sie den Kopf?

EISENRING Wo hat er sie jetzt wieder hingelegt?

BIEDERMANN Was?

EISENRING Haben Sie irgendwo eine Zündkapsel gesehen?

Er sucht da und dort.

Machen Sie sich keine Sorge, Herr Biedermann, wegen Badzimmer. Im Ernst. Im Gefängnis, wissen Sie, gab's auch kein Badzimmer.

BIEDERMANN Gefängnis?

EISENRING Hat Ihnen denn der Sepp nicht erzählt, daß ich aus dem Gefängnis komme?

BIEDERMANN Nein.

EISENRING Kein Wort?

BIEDERMANN Nein.

EISENRING Der erzählt alleweil nur von sich selbst. Gibt solche Leute! Schließlich was können wir dafür, daß er so eine tragische Jugend gehabt hat. Haben Sie, Herr Biedermann, eine tragische Jugend gehabt? Ich nicht! – ich hätte studieren können, Papa wollte, daß ich Jurist werde.

Er steht an der Lukarne und unterhält sich mit den Tauben.
Grrr! Grrr! Grrr!

Biedermann zündet wieder seine Zigarre an.

BIEDERMANN Herr Eisenring, ich habe die ganze Nacht nicht geschlafen, offen gesprochen: – ist wirklich Benzin in diesen Fässern?

EISENRING Sie trauen uns nicht?

BIEDERMANN Ich frag ja nur.

EISENRING Wofür halten Sie uns, Herr Biedermann, offen gesprochen: wofür eigentlich?

BIEDERMANN Sie müssen nicht denken, mein Freund, daß ich keinen Humor habe, aber ihr habt eine Art zu scherzen, ich muß schon sagen. –

EISENRING Wir lernen das.

BIEDERMANN Was?

EISENRING Scherz ist die drittbeste Tarnung. Die zweitbeste: Sentimentalität. Was unser Sepp so erzählt: Kindheit bei Köhlern im Wald, Waisenhaus, Zirkus und so. Aber die beste und sicherste Tarnung (finde ich) ist immer noch die blanke und nackte Wahrheit. Komischerweise. Die glaubt niemand.

Stube
Anna führt die schwarze Witwe Knechtling herein.
ANNA Nehmen Sie Platz!
Die Witwe setzt sich.

Aber wenn Sie die Frau Knechtling sind, dann hat's keinen Zweck, Herr Biedermann möchte nichts mit Ihnen zu tun haben, hat er gesagt –

Die Witwe erhebt sich.

Nehmen Sie Platz!

Die Witwe setzt sich.

Aber machen Sie sich keine Hoffnung…

Anna geht hinaus.

Dachboden

Eisenring steht und hantiert, Biedermann steht und raucht.

EISENRING Wo unser Sepp nur so lange bleibt! Holzwolle ist doch keine Sache. Hoffentlich haben sie ihn nicht geschnappt.

BIEDERMANN Geschnappt?

EISENRING Warum belustigt Sie das?

BIEDERMANN Wenn Sie so reden, wissen Sie, Herr Eisenring, Sie kommen für mich wie aus einer anderen Welt. Geschnappt! Ich finde es ja faszinierend. Wie aus einer andern Welt! In unseren Kreisen, wissen Sie, wird selten jemand geschnappt –

EISENRING Weil man in Ihren Kreisen keine Holzwolle stiehlt, das ist klar, Herr Biedermann, das ist der Klassenunterschied.

BIEDERMANN Unsinn!

EISENRING Sie wollen doch nicht sagen, Herr Biedermann –

BIEDERMANN Ich glaube nicht an Klassenunterschiede! – das müssen Sie doch gespürt haben, Eisenring, ich bin nicht altmodisch. Im Gegenteil. Ich bedaure es aufrichtig, daß man gerade in den unteren Klassen immer noch von Klassenunterschied schwatzt. Sind wir denn heutzutage nicht alle, ob arm oder reich, Geschöpfe eines gleichen Schöpfers? Auch der Mittelstand. Sind wir, Sie und ich, nicht Menschen aus Fleisch und Blut?… Ich weiß nicht, mein Herr, ob Sie auch Zigarren rauchen?

Er bietet an, aber Eisenring schüttelt den Kopf.

Ich rede nicht für Gleichmacherei, versteht sich, es wird immer Tüchtige und Untüchtige geben, Gott sei Dank, aber warum reichen wir uns nicht einfach die Hände? Ein bißchen guten Willen, Herrgottnochmal, ein bißchen Idealismus, ein bißchen – und wir alle hätten unsere Ruhe und unseren Frieden, die Armen und die Reichen, meinen Sie nicht?

EISENRING Wenn ich offen sein darf, Herr Biedermann: –

BIEDERMANN Ich bitte drum.

EISENRING Nehmen Sie's nicht krumm?

BIEDERMANN Je offener, um so besser.

EISENRING Ich meine: – offen gesprochen: – Sie sollten hier nicht rauchen.

Biedermann erschrickt und löscht die Zigarre.

Ich habe Ihnen hier keine Vorschriften zu machen, Herr Biedermann, schließlich und endlich ist es Ihr eigenes Haus, aber Sie verstehen –

BIEDERMANN Selbstverständlich!

Eisenring bückt sich.

EISENRING Da liegt sie ja!

Er nimmt etwas vom Boden und bläst es sauber, bevor er es an der Schnur befestigt, neuerdings pfeifend: Lili Marlen.

BIEDERMANN Sagen Sie, Herr Eisenring: Was machen Sie eigentlich die ganze Zeit? Wenn ich fragen darf. Was ist das eigentlich?

EISENRING Die Zündkapsel.

BIEDERMANN –?

EISENRING Und das ist die Zündschnur.

BIEDERMANN –?

EISENRING Es soll jetzt noch bessere geben, sagt der Sepp, neuerdings. Aber die haben sie noch nicht in den Zeughäusern, und kaufen kommt für uns ja nicht in Frage. Alles was mit Krieg zu tun hat, ist furchtbar teuer, immer nur erste Qualität.

BIEDERMANN Zündschnur? sagen Sie.

EISENRING Knallzündschnur.

Er gibt Biedermann das Ende der Schnur.

Wenn Sie so freundlich sein möchten, Herr Biedermann, dieses Ende zu halten, damit ich messen kann.

Biedermann hält die Schnur.

BIEDERMANN Spaß beiseite, mein Freund –

EISENRING Nur einen Augenblick!

Er pfeift Lili Marlen und mißt die Zündschnur.

Danke, Herr Biedermann, danke sehr!

Biedermann muß plötzlich lachen.

BIEDERMANN Nein, Willi, mich können Sie nicht ins Bockshorn jagen. Mich nicht! Aber ich muß schon sagen, Sie verlassen sich sehr auf den Humor der Leute. Sehr! Wenn Sie so reden, kann ich mir schon vorstellen, daß man Sie ab und zu verhaftet. Nicht alle, mein Freund, nicht alle haben soviel Humor wie ich!

EISENRING Man muß die Richtigen finden.

BIEDERMANN An meinem Stammtisch zum Beispiel, die sehen schon Sodom und Gomorra, wenn man nur sagt, man glaube an das Gute in den Menschen.

EISENRING Ha.

BIEDERMANN Und dabei habe ich unsrer Feuerwehr eine Summe gestiftet, die ich gar nicht nennen will.

EISENRING Ha.

Er legt die Zündschnur aus.

Die Leute, die keinen Humor haben, sind genau so verloren, wenn's losgeht; seien Sie getrost!

Biedermann muß sich auf ein Faß setzen, Schweiß.

Was ist denn? Herr Biedermann? Sie sind ja ganz bleich!

Er klopft ihm auf die Schulter.

Das ist dieser Geruch, ich weiß, wenn's einer nicht gewohnt ist, dieser Benzingeruch, ich werde noch ein Fensterchen öffnen – *Eisenring öffnet die Tür.*

BIEDERMANN Danke...

Anna ruft im Treppenhaus.

ANNA Herr Biedermann! Herr Biedermann!

EISENRING Schon wieder die Polizei?

ANNA Herr Biedermann!

EISENRING Wenn das kein Polizeistaat ist.

ANNA Herr Biedermann!

BIEDERMANN Ich komme!

Es wird nur noch geflüstert.

Herr Eisenring, mögen Sie Gans?

EISENRING Gans?

BIEDERMANN Gans, ja, Gans.

EISENRING Mögen? Ich? Wieso?

BIEDERMANN Gefüllt mit Kastanien.

EISENRING Und Rotkraut dazu?

BIEDERMANN Ja... Was ich nämlich habe sagen wollen: Meine Frau und ich, vor allem ich – ich dachte nur: Wenn es Ihnen Freude macht... Ich will mich nicht aufdrängen! – wenn es Ihnen Freude macht, Herr Eisenring, zu einem netten Abendessen zu kommen, Sie und der Sepp –

EISENRING Heute?

BIEDERMANN Oder lieber morgen?

EISENRING Morgen, glaub ich, sind wir nicht mehr da. Aber heute mit Vergnügen, Herr Biedermann, mit Vergnügen!

BIEDERMANN Sagen wir: Sieben Uhr.

Anna ruft im Treppenhaus.

ANNA Herr Biedermann –

Er gibt die Hand.

BIEDERMANN Abgemacht?

EISENRING Abgemacht.

Biedermann geht und bleibt in der Türe nochmals stehen, freundlich nickend, während er einen stieren Blick auf Fässer und Zündschnur wirft.

EISENRING Abgemacht.

Biedermann geht, und Eisenring arbeitet weiter, indem er pfeift. Vortritt der Chor, als wäre die Szene zu Ende; aber im Augenblick, wo der Chor sich an der Rampe versammelt hat, gibt es Lärm auf dem Dachboden; irgend etwas ist umgefallen.

Dachboden

EISENRING Du kannst rauskommen, Doktor.

Ein Dritter kriecht zwischen den Fässern hervor, Brillenträger.

Du hast's gehört: Wir müssen zu einem Nachtessen, der Sepp

und ich, du machst die Wache hier. Daß keiner hereinkommt und raucht. Verstanden? Bevor's Zeit ist.

Der Dritte putzt seine Brille.

Ich frag mich manchmal, Doktor, was du eigentlich machst bei uns, wenn du keine Freude hast an Feuersbrünsten, an Funken und prasselnden Flammen, an Sirenen, die immer zu spät sind, an Hundegebell und Rauch und Menschengeschrei – und Asche.

Der Dritte setzt seine Brille auf; stumm und ernst. Eisenring lacht.

Weltverbesserer!

Er pfeift eine kurze Weile vor sich hin, ohne den Doktor anzusehen.

Ich mag euch Akademiker nicht, aber das weißt du, Doktor, das sagte ich dir sofort: 's ist keine rechte Freude dabei, euresgleichen ist immer so ideologisch, immer so ernst, bis es reicht zum Verrat – 's ist keine rechte Freude dabei.

Er hantiert weiter und pfeift weiter.

Chor

Wir sind bereit.

Sorgsam gerollt sind die Schläuche, die roten,

Alles laut Vorschrift,

Blank ist und sorgsam geschmiert und aus Messing

Jeglicher Haspel.

Jedermann weiß, was zu tun ist.

CHORFÜHRER Leider herrscht Föhn –

CHOR Jedermann weiß, was zu tun ist,

Blank auch und sorgsam geprüft,

Daß es an Druck uns nicht fehle,

Ist unsere Pumpe,

Gleichfalls aus Messing.

CHORFÜHRER Und die Hydranten?

CHOR Jedermann weiß, was zu tun ist,

CHORFÜHRER Wir sind bereit. –

Es kommen Babette, eine Gans in der Hand, und der Dr. phil.

BABETTE Ja, Herr Doktor, ja, ich weiß, aber mein Mann, ja, es ist dringend, Herr Doktor, es ist dringend, ja, ich werde es ihm sagen –

Sie läßt den Doktor stehen und tritt an die Rampe.

Mein Mann hat eine Gans bestellt, bitte, da ist sie. Und ich soll sie braten!

Damit wir Freunde werden mit denen da oben.

Man hört Kirchenglockengeläute.

Es ist Samstagabend, wie Sie hören, und ich werde so eine dumme Ahnung nicht los: daß sie vielleicht zum letzten Mal so läuten, die Glocken unsrer Stadt...

Biedermann ruft nach Babette.

Ich weiß nicht, meine Damen, ob Gottlieb immer recht hat. Das hat er nämlich schon einmal gesagt: Natürlich sind's Halunken, aber wenn ich sie zu meinen Feinden mache, Babette, dann ist unser Haarwasser hin! Und kaum war er in der Partei – *Biedermann ruft nach Babette.*

Immer das gleiche! Ich kenne meinen Gottlieb. Immer wieder ist er zu gutmütig, ach, einfach zu gutmütig!

Babette geht mit der Gans.

CHOR Einer mit Brille.

Sohn wohl aus besserem Haus,

Neidlos,

Aber belesen, so scheint mir, und bleich,

Nimmermehr hoffend, es komme das Gute

Aus Gutmütigkeit,

Sondern entschlossen zu jedweder Tat,

Nämlich es heiligt die Mittel (so hofft er) der Zweck,

Ach,

Hoffend auch er... bieder-unbieder!

Putzend die Brille, um Weitsicht zu haben,

Sieht er in Fässern voll Brennstoff

Nicht Brennstoff –

Er nämlich sieht die Idee!

Bis es brennt.

DR. PHIL. Guten Abend...

CHORFÜHRER An die Schläuche!
   An die Pumpe!
   An die Leiter!
   Die Feuerwehrmänner rennen an ihre Plätze.
CHORFÜHRER Guten Abend.
   Zum Publikum; nachdem man Bereit-Rufe von überall gehört hat.
   Wir sind bereit. –

Szene 5

Stube
Die Witwe Knechtling ist noch immer da, sie steht. Man hört das Glockengeläute sehr laut. Anna deckt den Tisch, und Biedermann bringt zwei Sessel.
BIEDERMANN – weil ich, wie Sie sehen, keine Zeit habe, Frau Knechtling, keine Zeit, um mich mit Toten zu befassen – wie gesagt: Wenden Sie sich an meinen Rechtsanwalt.
   Die Witwe Knechtling geht.
   Man hört ja seine eigne Stimme nicht, Anna, machen Sie das Fenster zu!
   Anna macht das Fenster zu, und das Geläute tönt leiser.
   Ich habe gesagt: Ein schlichtes und gemütliches Abendessen. Was sollen diese idiotischen Kandelaber!
ANNA Haben wir aber immer, Herr Biedermann.
BIEDERMANN Schlicht und gemütlich, sag ich. Nur keine Protzerei! – und diese Wasserschalen, verdammtnochmal! diese Messerbänklein, Silber, nichts als Silber und Kristall. Was macht das für einen Eindruck!
   Er sammelt die Messerbänklein und steckt sie in die Hosentasche.
   Sie sehen doch, Anna, ich trage meine älteste Hausjacke, und Sie – Das große Geflügelmesser können Sie lassen, Anna, das brauchen wir. Aber sonst: Weg mit diesem Silber! Die beiden Herren sollen sich wie zu Haus fühlen... Wo ist der Korkenzieher?

ANNA Hier.

BIEDERMANN Haben wir nichts Einfacheres?

ANNA In der Küche, aber der ist rostig.

BIEDERMANN Her damit!

Er nimmt einen Silberkübel vom Tisch.

Was soll denn das?

ANNA Für den Wein –

BIEDERMANN Silber!

Er starrt auf den Kübel und dann auf Anna.

Haben wir das immer?

ANNA Das braucht man doch, Herr Biedermann.

BIEDERMANN Brauchen! Was heißt brauchen? Was wir brauchen, das ist Menschlichkeit, Brüderlichkeit. Weg damit! – und was, zum Teufel, bringen Sie denn da?

ANNA Servietten.

BIEDERMANN Damast!

ANNA Wir haben keine andern.

Er sammelt die Servietten und steckt sie in den Silberkübel.

BIEDERMANN Es gibt ganze Völkerstämme, die ohne Servietten leben, Menschen wie wir –

Eintritt Babette mit einem großen Kranz, Biedermann bemerkt sie noch nicht, er steht vor dem Tisch.

Ich frage mich, wozu wir überhaupt ein Tischtuch brauchen –

BABETTE Gottlieb?

BIEDERMANN Nur keine Klassenunterschiede!

Er sieht Babette.

Was soll dieser Kranz?

BABETTE Den wir bestellt haben. Was sagst du dazu, Gottlieb, jetzt schicken sie den Kranz hierher. Dabei habe ich ihnen selber die Adresse geschrieben, die Adresse von Knechtlings, schwarz auf weiß. Und die Schleife und alles ist verkehrt!

BIEDERMANN Die Schleife, wieso?

BABETTE Und die Rechnung, sagt der Bursche, die haben sie an die Frau Knechtling geschickt.

Sie zeigt die Schleife.

Er betrachtet die Schleife.

BIEDERMANN Das nehmen wir nicht an. Kommt nicht in Frage! Das müssen sie ändern –

Er geht zum Tisch zurück.

Mach mich jetzt nicht nervös, Babette, ich habe anderes zu tun, Herrgottnochmal, ich kann nicht überall sein.

Babette geht mit dem Kranz.

Also weg mit dem Tischtuch! Helfen Sie mir doch, Anna. Und wie gesagt: Es wird nicht serviert. Unter keinen Umständen! Sie kommen herein, ohne zu klopfen, einfach herein und stellen die Pfanne einfach auf den Tisch –

ANNA Die Pfanne?

Er nimmt das Tischtuch weg.

BIEDERMANN Sofort eine ganz andere Stimmung. Sehn Sie! Ein hölzerner Tisch, nichts weiter, wie beim Abendmahl.

Er gibt ihr das Tischtuch.

ANNA Herr Biedermann meinen, ich soll die Gans einfach in der Pfanne bringen?

Sie faltet das Tischtuch zusammen.

Was für einen Wein, Herr Biedermann, soll ich denn holen?

BIEDERMANN Ich hole ihn selbst.

ANNA Herr Biedermann!

BIEDERMANN Was denn noch?

ANNA Ich hab aber keinen solchen Pullover, wie Sie sagen, Herr Biedermann, so einen schlichten, daß man meint, ich gehöre zur Familie.

BIEDERMANN Nehmen Sie's bei meiner Frau!

ANNA Den gelben oder den roten?

BIEDERMANN Nur keine Umstände! Ich will kein Häubchen sehen und kein Schürzchen. Verstanden? Und wie gesagt: Weg mit diesen Kandelabern! Und überhaupt: Sehen Sie zu, Anna, daß hier nicht alles so ordentlich ist!
...Ich bin im Keller.

Biedermann geht hinaus.

ANNA »Sehen Sie zu, daß hier nicht alles so ordentlich ist!«

Sie schleudert das Tischtuch, nachdem es zusammengefaltet ist, in irgendeine Ecke und tritt mit beiden Füßen drauf.
Bitte sehr.
Eintreten Schmitz und Eisenring, jeder mit einer Rose in der Hand.
BEIDE Guten Abend, Fräulein!
Anna geht hinaus, ohne die beiden anzublicken.
EISENRING Wieso keine Holzwolle?
SCHMITZ Beschlagnahmt. Polizeilich. Vorsichtsmaßnahme. Wer Holzwolle verkauft oder besitzt, ohne eine polizeiliche Genehmigung zu haben, wird verhaftet. Vorsichtsmaßnahme im ganzen Land...
Er kämmt sich die Haare.
EISENRING Hast du noch Streichhölzchen?
SCHMITZ Ich nicht.
EISENRING Ich auch nicht.
Schmitz bläst seinen Kamm aus.
SCHMITZ Müssen ihn darum bitten.
EISENRING Biedermann?
SCHMITZ Aber nicht vergessen.
Er steckt den Kamm ein und schnuppert.
Mh, wie das schon duftet...

Biedermann tritt an die Rampe, Flaschen im Arm.
BIEDERMANN Sie können über mich denken, meine Herren, wie Sie wollen. Aber antworten Sie mir auf eine Frage: –
Man hört Grölen und Lachen.
Ich sag mir: Solange sie grölen und saufen, tun sie nichts anderes... Die besten Flaschen aus meinem Keller, hätte es mir einer vor einer Woche gesagt – Hand aufs Herz: Seit wann (genau) wissen Sie, meine Herren, daß es Brandstifter sind? Es kommt eben nicht so, meine Herren, wie Sie meinen – sondern langsam und plötzlich... Verdacht! Das hatte ich sofort, meine Herren, Verdacht hat man immer – aber Hand aufs Herz, meine Herren: Was hätten Sie denn getan, Herrgottnochmal, an meiner Stelle? Und wann?

Er horcht, und es ist still.
Ich muß hinauf!
Er entfernt sich geschwind.

Szene 6

Stube
Das Gansessen ist im vollen Gang, Gelächter, vor allem Bie-
dermann (noch mit den Flaschen im Arm) kann sich von dem
Witz, der gefallen ist, nicht mehr erholen; nur Babette lacht
durchaus nicht.

BIEDERMANN Putzfäden! Hast du das wieder gehört? Putzfäden,
sagt er, Putzfäden brennen noch besser!

BABETTE Wieso ist das ein Witz?

BIEDERMANN Putzfäden! – weißt du, was Putzfäden sind?

BABETTE Ja.

BIEDERMANN Du hast keinen Humor, Babettchen.
Er stellt die Flasche auf den Tisch.
Was soll man machen, meine Freunde, wenn jemand einfach
keinen Humor hat?

BABETTE So erkläre es mir doch.

BIEDERMANN Also! – heute morgen sagt der Willi, er hätte den
Sepp geschickt, um Holzwolle zu stehlen. Holzwolle, das ver-
stehst du? Und jetzt frage ich den Sepp: Was macht denn die
Holzwolle? worauf er sagt: Holzwolle habe er nicht auftrei-
ben können, aber Putzfäden. Verstehst du? Und Willi sagt:
Putzfäden brennen noch viel besser!

BABETTE Das habe ich verstanden.

BIEDERMANN Ja? Hast du verstanden?

BABETTE Und was ist der Witz dran?
Biedermann gibt es auf.

BIEDERMANN Trinken wir, meine Herren!
Biedermann entkorkt die Flasche.

BABETTE Ist das denn wahr, Herr Schmitz, Sie haben Putzfäden
auf unseren Dachboden gebracht?

BIEDERMANN Du wirst lachen, Babette, heute vormittag haben
wir zusammen sogar die Zündschnur gemessen, der Willi und
ich.

BABETTE Zündschnur?

BIEDERMANN Knallzündschnur!

Er füllt die Gläser.

BABETTE Jetzt aber im Ernst, meine Herren, was soll das alles?

Biedermann lacht.

BIEDERMANN Im Ernst! sagt sie. Im Ernst! Hören Sie das? Im
Ernst!... Laß dich nicht foppen, Babette, ich hab's dir gesagt,
unsere Freunde haben eine Art zu scherzen – andere Kreise,
andere Witze! sag ich immer... Es fehlt jetzt nur noch, daß sie
mich um Streichhölzchen bitten!

Schmitz und Eisenring geben einander einen Blick.

Nämlich die beiden Herren halten mich immer noch für einen
ängstlichen Spießer, der keinen Humor hat, weißt du, den man
ins Bockshorn jagen kann – *Er hebt sein Glas.*

Prost!

EISENRING Prost!

SCHMITZ Prost!

Sie stoßen an.

BIEDERMANN Auf unsere Freundschaft.

Sie trinken und setzen sich wieder.

In unserem Haus wird nicht serviert, meine Herren, Sie grei-
fen einfach zu.

SCHMITZ Aber ich kann nicht mehr.

EISENRING Zier dich nicht. Du bist nicht im Waisenhaus, Sepp,
zier dich nicht.

Er bedient sich mit Gans.

Ihre Gans, Madame, ist Klasse.

BABETTE Das freut mich.

EISENRING Gans und Pommard! – dazu gehörte eigentlich bloß
noch ein Tischtuch.

BABETTE Hörst du's Gottlieb?

EISENRING Es muß aber nicht sein! – so ein weißes Tischtuch,
wissen Sie, Damast mit Silber drauf.

BIEDERMANN Anna!

EISENRING Damast mit Blumen drin, aber weiß, wissen Sie, wie Eisblumen! – es muß aber nicht sein, Herr Biedermann, es muß aber nicht sein. Im Gefängnis haben wir auch kein Tischtuch gehabt.

BIEDERMANN Anna!

BABETTE Im Gefängnis –?

BIEDERMANN Wo ist sie denn?

BABETTE Sie sind im Gefängnis gewesen?

Anna kommt; sie trägt einen knallroten Pullover.

BIEDERMANN Anna, bringen Sie sofort ein Tischtuch!

ANNA Sehr wohl. –

EISENRING Und wenn Sie so etwas wie Fingerschalen haben –

ANNA Sehr wohl. –

EISENRING Sie finden es vielleicht kindisch, Madame, aber so sind halt die Leute aus dem Volk. Sepp zum Beispiel, der bei den Köhlern aufgewachsen ist und noch nie ein Messerbänklein gesehen hat, sehen Sie, es ist nun einmal der Traum seines verpfuschten Lebens: – so eine Tafel mit Silber und Kristall!

BABETTE Gottlieb, das haben wir doch alles.

EISENRING Aber es muß nicht sein.

ANNA Bitte sehr.

EISENRING Und wenn Sie schon Servietten haben, Fräulein: Her damit!

ANNA Herr Biedermann hat gesagt –

BIEDERMANN Her damit!

ANNA Bitte sehr.

Anna bringt alles wieder herbei.

EISENRING Sie nehmen es hoffentlich nicht krumm, Madame. Wenn man aus dem Gefängnis kommt, wissen Sie, monatelang ohne Kultur –

Er nimmt das Tischtuch und zeigt es Schmitz.

Weißt du, was das ist?

Hinüber zu Babette.

Hat er noch nie gesehen!

Wieder zurück zu Schmitz.

Das ist Damast.

SCHMITZ Und jetzt? Was soll ich damit?

Eisenring bindet ihm das Tischtuch um den Hals.

EISENRING So. –

Biedermann versucht, es lustig zu finden und lacht.

BABETTE Und wo sind denn unsere Messerbänklein, Anna, unsere Messerbänklein?

ANNA Herr Biedermann –

BIEDERMANN Her damit!

ANNA Sie haben gesagt: Weg damit.

BIEDERMANN Her damit! sag ich. Wo sind sie denn, Herrgottnochmal?

ANNA In Ihrer linken Hosentasche.

Biedermann greift in die Hosentasche und findet sie.

EISENRING Nur keine Aufregung.

ANNA Ich kann doch nichts dafür!

EISENRING Nur keine Aufregung, Fräulein –

Anna bricht in Heulen aus, dreht sich und läuft weg.

EISENRING Das ist der Föhn.

Pause

BIEDERMANN Trinken Sie, meine Freunde, trinken Sie!

Sie trinken und schweigen.

EISENRING Gans habe ich jeden Tag gegessen, wissen Sie, als Kellner. Wenn man so durch die langen Korridore flitzt, die Platte auf der flachen Hand. Aber dann, Madame, wo putzt unsereiner die Finger ab? Das ist es. Wo anders als an den eignen Haaren? – während andere Menschen eine kristallene Wasserschale dafür haben! Das ist's, was ich nie vergessen werde. *Er taucht seine Finger in die Fingerschale.*
Wissen Sie, was ein Trauma ist?

BIEDERMANN Nein.

EISENRING Haben sie mir im Gefängnis alles erklärt...

Er trocknet seine Finger ab.

BABETTE Und wieso, Herr Eisenring, sind Sie denn ins Gefängnis gekommen?

BIEDERMANN Babette!

EISENRING Wieso ich ins Gefängnis gekommen bin?

BIEDERMANN Das fragt man doch nicht!

EISENRING Ich frage mich selbst... Ich war ein Kellner, wie gesagt, ein kleiner Oberkellner, und plötzlich verwechselten sie mich mit einem großen Brandstifter.

BIEDERMANN Hm.

EISENRING Verhafteten mich in meiner Wohnung.

BIEDERMANN Hm.

EISENRING Ich war so erstaunt, daß ich drauf einging.

BIEDERMANN Hm.

EISENRING Ich hatte Glück, Madame, ich hatte sieben ausgesprochen reizende Polizisten. Als ich sagte, ich müsse an meine Arbeit und hätte keine Zeit, sagten sie: Ihr Etablissement ist niedergebrannt.

BIEDERMANN Niedergebrannt?

EISENRING So über Nacht, scheint es, ja.

BABETTE Niedergebrannt?

EISENRING Schön! sagte ich: Dann hab ich Zeit. Es war nur noch ein rauchendes Gebälk, unser Etablissement, ich sah es im Vorbeifahren, wissen Sie, durch dieses kleine Gitterfenster aus dem Gefängniswagen.

Er trinkt kennerhaft.

BIEDERMANN Und dann?

Eisenring betrachtet die Etikette.

EISENRING Den hatten wir auch: Neunundvierziger! Cave de l'Echannon... Und dann? Das muß Ihnen der Sepp erzählen. Als ich so im Vorzimmer sitze und mit den Handschellen spiele, sage und schreibe, wer wird da hereingeführt? – der da!

Schmitz strahlt.

Prost, Sepp!

SCHMITZ Prost, Willi!

Sie trinken.

BIEDERMANN Und dann?

SCHMITZ Sind Sie der Brandstifter? fragt man ihn und bietet Zigaretten an. Entschuldigen Sie! sagt er: Streichhölzchen habe ich leider nicht, Herr Kommissar, obschon Sie mich für einen Brandstifter halten –

Sie lachen dröhnend und hauen sich auf die Schenkel.

BIEDERMANN Hm. –

Anna ist eingetreten, sie trägt wieder Häubchen und Schürzchen, sie überreicht eine Visitenkarte, die Biedermann sich ansieht.

ANNA Es ist dringend, sagt er.

BIEDERMANN Wenn ich aber Gäste habe –

Schmitz und Eisenring stoßen wieder an.

SCHMITZ Prost, Willi!

EISENRING Prost, Sepp!

Sie trinken, Biedermann betrachtet die Visitenkarte.

BABETTE Wer ist es denn, Gottlieb?

BIEDERMANN Dieser Dr. phil…

Anna betätigt sich beim Schrank.

EISENRING Und was ist denn das andere dort, Fräulein, das Silberne dort?

ANNA Die Kandelaber?

EISENRING Warum verstecken Sie das?

BIEDERMANN Her damit!

ANNA Herr Biedermann haben selbst gesagt –

BIEDERMANN Her damit! sag ich.

Anna stellt die Kandelaber auf den Tisch.

EISENRING Sepp, was sagst du dazu? Haben sie Kandelaber und verstecken sie! Was willst du noch? Silber mit Kerzen drauf… Hast Du Streichhölzer?

Er greift in seine Hosentasche.

SCHMITZ Ich? Nein.

Er greift in seine Hosentasche.

EISENRING Leider haben wir gar keine Streichhölzer, Herr Biedermann, tatsächlich.

BIEDERMANN Ich habe.

EISENRING Geben Sie her!

BIEDERMANN Ich mach es schon. Lassen Sie nur. Ich mach es schon.

Er zündet die Kerzen an.

BABETTE Was will denn der Herr?

ANNA Ich versteh ihn nicht, Madame, er kann nicht länger schweigen, sagt er und wartet im Treppenhaus.

BABETTE Unter vier Augen? sagt er.

ANNA Ja, und dann will er immer etwas enthüllen.

BABETTE Was?

ANNA Das versteh ich nicht, Madame, und wenn er's mir hundertmal sagt; er sagt: er möchte sich distanzieren...

Es leuchten viele Kerzen.

EISENRING Macht doch sofort einen ganz anderen Eindruck, finden Sie nicht, Madame? Candlelight.

BABETTE Ach ja.

EISENRING Ich bin für Stimmung.

BIEDERMANN Sehen Sie, Herr Eisenring, das freut mich...

Es sind alle Kerzen angezündet.

EISENRING Schmitz, schmatze nicht!

Babette nimmt Eisenring zur Seite.

BABETTE Lassen Sie ihn doch!

EISENRING Er hat kein Benehmen, Madame, ich bitte um Entschuldigung; es ist mir furchtbar. Woher soll er's haben! Von der Köhlerhütte zum Waisenhaus –

BABETTE Ich weiß!

EISENRING Vom Waisenhaus zum Zirkus –

BABETTE Ich weiß!

EISENRING Vom Zirkus zum Theater.

BABETTE Das habe ich nicht gewußt, nein –

EISENRING Schicksale, Madame, Schicksale!

Babette wendet sich an Schmitz.

BABETTE Beim Theater sind Sie auch gewesen?

Schmitz nagt ein Gansbein und nickt.

Wo denn?

SCHMITZ Hinten.

EISENRING Dabei ist er begabt – Sepp als Geist, haben Sie das schon erlebt?

SCHMITZ Aber nicht jetzt!

60

EISENRING Wieso nicht?

SCHMITZ Ich war nur eine Woche beim Theater, Madame, dann ist es niedergebrannt –

BABETTE Niedergebrannt?

EISENRING Zier dich nicht!

BIEDERMANN Niedergebrannt?

EISENRING Zier dich nicht!

Er löst das Tischtuch, das Schmitz als Serviette getragen hat, und wirft es dem Schmitz über den Kopf.

Los!

Schmitz, verhüllt mit dem weißen Tischtuch, erhebt sich.

Bitte. Sieht er nicht aus wie ein Geist?

ANNA Ich hab aber Angst.

EISENRING Mädelchen!

Er nimmt Anna in seinen Arm, sie hält die Hände vors Gesicht.

SCHMITZ »Können wir?«

EISENRING Das ist Theatersprache, Madame, das hat er auf den Proben gelernt in einer einzigen Woche, bevor es niedergebrannt ist, erstaunlicherweise.

BABETTE Reden Sie doch nicht immer von Bränden!

SCHMITZ »Können wir?«

EISENRING Bereit. –

Alle sitzen, Eisenring hält Anna an seiner Brust.

SCHMITZ JEDERMANN! JEDERMANN!

BABETTE Gottlieb –?

BIEDERMANN Still!

BABETTE Das haben wir in Salzburg gesehen.

SCHMITZ BIEDERMANN! BIEDERMANN!

EISENRING Ich find's großartig, wie er das macht.

SCHMITZ BIEDERMANN! BIEDERMANN!

EISENRING Sie müssen fragen, wer bist du?

BIEDERMANN Ich?

EISENRING Sonst wird er seinen Text nicht los.

SCHMITZ JEDERMANN! BIEDERMANN!

BIEDERMANN Also: – wer bin ich?

BABETTE Nein! Du mußt doch fragen, wer er ist.

BIEDERMANN Ah so.

SCHMITZ HÖRT IHR MICH NICHT?

EISENRING Nein, Sepp, nochmals von Anfang an!

Sie nehmen eine andere Stellung ein.

SCHMITZ JEDERMANN! BIEDERMANN!

BABETTE Bist du – zum Beispiel – der Tod?

BIEDERMANN Quatsch!

BABETTE Was kann er denn sonst sein?

BIEDERMANN Du mußt fragen: Wer bist du? er kann auch der
Geist von Hamlet sein. Oder der Steinerne Gast, weißt du.
Oder dieser Dingsda, wie heißt er schon: der Mitarbeiter von
Macbeth...

SCHMITZ WER RUFT MICH?

EISENRING Weiter.

SCHMITZ BIEDERMANN GOTTLIEB!

BABETTE Frag du ihn doch, er spricht zu dir.

SCHMITZ HÖRT IHR MICH NICHT?

BIEDERMANN Wer bist du denn?

SCHMITZ ICH BIN DER GEIST – VON KNECHTLING.

Babette springt auf und schreit.

EISENRING Stop.

Er reißt dem Schmitz das weiße Tischtuch herunter.

Ein Idiot bist du! Das kannst du doch nicht machen. Knechtling! Das geht doch nicht. Knechtling ist heute begraben worden.

SCHMITZ Eben.

Babette hält ihre Hände vors Gesicht.

EISENRING Madame, er ist es nicht!

Er schüttelt den Kopf über Schmitz.

Wie kannst du so geschmacklos sein?

SCHMITZ Es fiel mir nichts anderes ein...

EISENRING Knechtling! Ausgerechnet. Ein alter und treuer Mitarbeiter von Herrn Biedermann, stell dir das vor: Heute begraben – der ist ja noch ganz beisammen, bleich wie ein Tischtuch, weißlich und glänzend wie Damast, steif und kalt, aber
zum Hinstellen...

Er faßt Babette an der Schulter.

Ehrenwort, Madame, er ist es nicht.

Schmitz wischt sich den Schweiß.

SCHMITZ Entschuldigung.

BIEDERMANN Setzen wir uns.

ANNA Ist das jetzt alles?

Man setzt sich, Pause der Verlegenheit.

BIEDERMANN Wie wär's mit einer kleinen Zigarre, meine Herren?

Er bietet eine Schachtel mit Zigarren an.

EISENRING Idiot! da siehst du's, wie Herr Biedermann zittert...
Danke, Herr Biedermann, danke!... Wenn du meinst, das sei
lustig. Wo du genau weißt: Knechtling hat sich unter den Gasherd gelegt, nachdem unser Gottlieb getan hat, was er konnte,
für diesen Knechtling. Vierzehn Jahre lang hat er ihm Arbeit
gegeben, diesem Knechtling, das ist der Dank –

BIEDERMANN Reden wir nicht mehr davon.

EISENRING Das ist dein Dank für die Gans!

Sie rüsten ihre Zigarren.

SCHMITZ Soll ich etwas singen?

EISENRING Was?

SCHMITZ »Fuchs, du hast die Gans gestohlen –«

Er singt mit voller Stimme.

»Fuchs, du hast die Gans gestohlen, gib sie wieder her –«

EISENRING Laß das.

SCHMITZ »Gib sie wieder her,
Sonst wird dich der Jäger holen –«

EISENRING Er ist betrunken.

SCHMITZ »Mit dem Scheißgewehr.«

EISENRING Hören Sie nicht zu, Madame.

SCHMITZ »Gib sie wieder her,
Sonst wird dich der Jäger holen
Mit dem Scheißgewehr!«

BIEDERMANN Scheißgewehr ist gut.

ALLE MÄNNER »Fuchs, du hast die Gans gestohlen –«

Sie singen mehrstimmig, einmal sehr laut, einmal sehr leise,

Wechselgesang jeder Art, Gelächter und grölende Verbrüde-
rung, einmal eine Pause, aber dann ist es Biedermann, der wie-
der anhebt und in der Spaßigkeit vorangeht, bis sich das Ganze
erschöpft.

BIEDERMANN Also: – Prost!

Sie heben die Gläser, und man hört Sirenen in der Ferne.

Was war das?

EISENRING Sirenen.

BIEDERMANN Spaß beiseite! –

BABETTE Brandstifter, Brandstifter!

BIEDERMANN Schrei nicht.

Babette reißt das Fenster auf, und die Sirenen kommen näher,
heulen, daß es durch Mark und Bein geht, und sausen vorbei.

BIEDERMANN Wenigstens nicht bei uns.

BABETTE Wo kann das nur sein?

EISENRING Wo der Föhn herkommt.

BIEDERMANN Wenigstens nicht bei uns...

EISENRING Das machen wir meistens so. Wir holen die Feuerwehr in ein billiges Außenviertel, und später, wenn's wirklich
losgeht, ist ihnen der Rückweg versperrt.

BIEDERMANN Nein, meine Herren, Spaß beiseite –

SCHMITZ So machen wir's aber, Spaß beiseite.

BIEDERMANN Schluß mit diesem Unsinn! ich bitte Sie. Alles mit
Maß, Sie sehen, meine Frau ist kreidebleich.

BABETTE Und du?!

BIEDERMANN Und überhaupt: Sirenen sind Sirenen, darüber
kann ich nicht lachen, meine Herren, irgendwo hört's auf, irgendwo brennt's, sonst würde unsere Feuerwehr nicht aus-
fahren.

Eisenring blickt auf seine Uhr.

EISENRING Wir müssen gehen.

BIEDERMANN Jetzt?

EISENRING Leider.

SCHMITZ »Sonst wird dich der Jäger holen...«

Man hört nochmals die Sirenen.

BIEDERMANN Mach einen Kaffee, Babette!

Babette geht hinaus.

Und Sie, Anna, was stehen Sie da und glotzen?

Anna geht hinaus.

Unter uns, meine Herren: Genug ist genug: Meine Frau ist herzkrank. Scherzen wir nicht länger über Brandstifterei.

SCHMITZ Wir scherzen ja nicht, Herr Biedermann.

EISENRING Wir sind Brandstifter.

BIEDERMANN Meine Herren, jetzt ganz im Ernst –

SCHMITZ Ganz im Ernst.

EISENRING Ganz im Ernst.

SCHMITZ Warum glauben Sie uns nicht?

EISENRING Ihr Haus, Herr Biedermann, liegt sehr günstig, das müssen Sie einsehen: fünf solche Brandherde rings um die Gasometer, die leider bewacht sind, und dazu ein richtiger Föhn –

BIEDERMANN Das ist nicht wahr.

SCHMITZ Herr Biedermann! Wenn Sie uns schon für Brandstifter halten, warum nicht offen darüber reden?

Biedermann blickt wie ein geschlagener Hund.

BIEDERMANN Ich halte Sie ja nicht für Brandstifter, meine Herren, das ist nicht wahr, Sie tun mir Unrecht, ich halte Sie nicht für – Brandstifter...

EISENRING Hand aufs Herz!

BIEDERMANN Nein! Nein, nein! Nein!

SCHMITZ Aber wofür halten Sie uns denn?

BIEDERMANN Für meine – Freunde...

Sie klopfen ihm auf die Schultern und lassen ihn stehen.

Wohin gehen Sie jetzt?

EISENRING 's ist Zeit.

BIEDERMANN Ich schwöre es Ihnen, meine Herren, bei Gott!

EISENRING Bei Gott?

BIEDERMANN Ja!

Er hält die Schwurfinger langsam hoch.

SCHMITZ Er glaubt nicht an Gott, der Willi, so wenig wie Sie, Herr Biedermann – da können Sie lange schwören.

Sie gehen weiter zur Türe.

BIEDERMANN Was soll ich tun, daß Sie mir glauben?

Er vertritt ihnen den Ausgang.

EISENRING Geben Sie uns Streichhölzchen.

BIEDERMANN Was – soll ich?

EISENRING Wir haben keine mehr.

BIEDERMANN Ich soll –

EISENRING Ja, Wenn Sie uns nicht für Brandstifter halten.

BIEDERMANN Streichhölzchen?

SCHMITZ Als Zeichen des Vertrauens, meint er.

Biedermann greift in seine Tasche.

EISENRING Er zögert. Siehst du? Er zögert.

BIEDERMANN Still! – aber nicht vor meiner Frau...

Babette kommt zurück.

BABETTE Der Kaffe kommt sogleich.

Pause

Sie müssen gehen?

BIEDERMANN Ja, meine Freunde – so schade es ist, aber – Hauptsache, daß Sie gespürt haben – Ich will nicht viel Worte machen, meine Freunde, aber warum sagen wir einander eigentlich nicht du?

BABETTE Hm.

BIEDERMANN Ich bin dafür, daß wir Bruderschaft trinken!

Er nimmt eine Flasche und den Korkenzieher.

EISENRING Sagen Sie doch Ihrem lieben Mann, er soll deswegen keine Flasche mehr aufmachen, es lohnt sich nicht mehr.

Biedermann entkorkt.

BIEDERMANN Es ist mir nichts zu viel, meine Freunde, nichts zu viel, und wenn Sie irgendeinen Wunsch haben – irgendeinen Wunsch... *Er füllt hastig die Gläser und gibt die Gläser.*
Meine Freunde, stoßen wir an!

Sie stoßen an.

Gottlieb. –

Er küßt Schmitz auf die Wange.

SCHMITZ Sepp. –

BIEDERMANN Gottlieb.

Er küßt Eisenring auf die Wange.

EISENRING Willi. – *Sie stehen und trinken.*
Trotzdem, Gottlieb, müssen wir jetzt gehen.
SCHMITZ Leider.
EISENRING Madame –
Man hört Sirenen.
BABETTE Es war ein reizender Abend.
Man hört Sturmglocken.
EISENRING Nur noch eins, Gottlieb: –
BIEDERMANN Was denn?
EISENRING Du weißt es.
BIEDERMANN Wenn Ihr irgendeinen Wunsch habt –
EISENRING Die Streichhölzchen.
Anna ist eingetreten mit dem Kaffee.
BABETTE Anna, was ist los?
ANNA Der Kaffee.
BABETTE Sie sind ja ganz verstört?
ANNA Dahinten – der Himmel, Frau Biedermann, von der Kü-
che aus – der Himmel brennt…
*Es ist schon sehr rot, als Schmitz und Eisenring sich verneigen
und gehen. Biedermann steht bleich und starr.*
BIEDERMANN Zum Glück ist's nicht bei uns… Zum Glück ist's
nicht bei uns… Zum Glück –
Eintritt der Akademiker.
BIEDERMANN Was wollen Sie?
DR. PHIL. Ich kann nicht länger schweigen.
Er nimmt ein Schriftstück aus der Brusttasche und verliest.
»Der Unterzeichnete, selber zutiefst erschüttert von den Er-
eignissen, die zur Zeit im Gang sind und die auch von unsrem
Standpunkt aus, wie mir scheint, nur als verbrecherisch be-
zeichnet werden können, gibt die folgende Erklärung zuhan-
den der Öffentlichkeit: –«
*Viele Sirenen heulen, er verliest einen ausführlichen Text, wo-
von man aber kein Wort versteht, man hört Hundegebell,
Sturmglocken, Schreie, Sirenen in der Ferne, das Prasseln von
Feuer in der Nähe; dann tritt er zu Biedermann und überreicht
ihm das Schriftstück.*

Ich distanziere mich –

BIEDERMANN Und?

DR. PHIL. Ich habe gesagt, was ich zu sagen habe.

Er nimmt seine Brille ab und klappt sie zusammen.

Sehen Sie, Herr Biedermann, ich war ein Weltverbesserer, ein ernster und ehrlicher, ich habe alles gewußt, was sie auf dem Dachboden machten, alles, nur das eine nicht: Die machen es aus purer Lust!

BIEDERMANN Herr Doktor –

Der Akademiker entfernt sich.

Sie, Herr Doktor, was soll ich damit?

Der Akademiker steigt über die Rampe und setzt sich ins Parkett.

BABETTE Gottlieb –

BIEDERMANN Weg ist er.

BABETTE Was hast du denen gegeben? Ich hab's gesehen – Streichhölzer?

BIEDERMANN Warum nicht.

BABETTE Streichhölzer?

BIEDERMANN Wenn die wirkliche Brandstifter wären, du meinst, die hätten keine Streichhölzer?... Babettchen, Babettchen!

Die Standuhr schlägt, Stille, das Licht wird rot, und man hört, während es dunkel wird auf der Bühne: Sturmglocken, Gebell von Hunden, Sirenen, Krach von stürzendem Gebälk, Hupen, Prasseln von Feuer, Schreie, bis der Chor vor die Szene tritt.

Chor

Sinnlos ist viel, und nichts

Sinnloser als diese Geschichte:

Die nämlich, einmal entfacht,

Tötete viele, ach, aber nicht alle

Und änderte gar nichts.

Erste Detonation

CHORFÜHRER Das war ein Gasometer.

Zweite Detonation

CHOR Was nämlich jeder voraussieht
　　Lange genug,
　　Dennoch geschieht es am End:
　　Blödsinn,
　　Der nimmerzulöschende jetzt,
　　Schicksal genannt.
　　Dritte Detonation
CHORFÜHRER Noch ein Gasometer.
　　Es folgt eine Serie von Detonationen fürchterlicher Art.
CHOR Weh uns! Weh uns! Weh uns!
　　Licht im Zuschauerraum.

Nachspiel

›*zu* Biedermann und die Brandstifter‹

Personen: Herr Biedermann · Babette · Anna · Beelzebub
Eine Figur · Ein Polizist · Meerkatze · Witwe Knechtling · Der
Chor

Die Bühne ist geräumt und vollkommen leer, Babette und
Biedermann stehen, wie sie zuletzt im Stück gestanden haben.

BABETTE Gottlieb?

BIEDERMANN Still.

BABETTE Sind wir tot?

Ein Papagei kreischt.

Was war das?

Der Papagei kreischt.

BIEDERMANN Warum bist du nicht gekommen, bevor die Treppe
brannte! Ich hab's dir gesagt. Warum bist du noch einmal ins
Schlafzimmer gegangen?

BABETTE Wegen meines ganzen Schmuckes.

BIEDERMANN – natürlich sind wir tot!

Der Papagei kreischt.

BABETTE Gottlieb?

BIEDERMANN Still jetzt.

BABETTE Wo sind wir denn jetzt?

BIEDERMANN Im Himmel. Wo sonst.

Ein Säugling schreit.

BABETTE Was war das?

Der Säugling schreit.

Offen gestanden, Gottlieb, so hab ich mir den Himmel nicht
vorgestellt –

BIEDERMANN Nur jetzt nicht den Glauben verlieren!

BABETTE Hast du dir den Himmel so vorgestellt?

Der Papagei kreischt.

BIEDERMANN Das ist ein Papagei.

Der Papagei kreischt.

BABETTE Gottlieb?

BIEDERMANN Nur jetzt nicht den Glauben verlieren!

BABETTE Jetzt warten wir schon eine halbe Ewigkeit.

Der Säugling schreit.

Und jetzt wieder dieser Säugling!

Der Papagei kreischt.

Gottlieb?

BIEDERMANN Was denn?

BABETTE Wieso kommt ein Papagei in den Himmel?

Eine Hausklingel klingelt.

BIEDERMANN Mach mich jetzt nicht nervös, Babette, ich bitte dich. Wieso soll ein Papagei nicht in den Himmel kommen? wenn er schuldlos ist.

Die Hausklingel klingelt.

Was war das?

BABETTE Unsere Hausklingel.

BIEDERMANN Wer kann das nur sein?

Man hört alles zusammen: Säugling, Hausklingel, Papagei.

BABETTE Wenn bloß dieser Papagei nicht wär! und dieser Säugling dazu! Das halt ich nicht aus, Gottlieb, ein solches Gekreisch in Ewigkeit – wie in einer Siedlung.

BIEDERMANN Still!

BABETTE Das können sie uns nicht zumuten!

BIEDERMANN Beruhige dich.

BABETTE Das ist unsereins nicht gewohnt.

BIEDERMANN Wieso sollten wir nicht im Himmel sein? All unsere Bekannten sind im Himmel, sogar mein Rechtsanwalt. Zum letzten Mal: Das kann nur der Himmel sein. Was sonst! Das muß der Himmel sein. Was hat unsereiner denn getan?

Die Hausklingel klingelt.

BABETTE Sollten wir nicht aufmachen?

Die Hausklingel klingelt.

Wieso haben die unsere Klingel?

Die Hausklingel klingelt.

Vielleicht ein Engel…

Die Hausklingel klingelt.

BIEDERMANN Ich bin schuldlos! – ich habe Vater und Mutter geehrt, das weißt du, vor allem Mama, das hat dich oft genug verärgert. Ich habe mich an die Zehn Gebote gehalten, Babette, zeit meines Lebens. Ich habe mir nie ein Bild von Gott gemacht, das schon gar nicht. Ich habe nicht gestohlen; wir hatten immer, was wir brauchten. Und ich habe nicht getötet. Ich habe am Sonntag nie gearbeitet. Ich habe nie das Haus meiner Nachbarn begehrt, oder wenn ich es begehrte, dann habe ich's gekauft. Kaufen wird man wohl dürfen! Und ich habe nie bemerkt, daß ich lüge. Ich habe keinen Ehebruch begangen, Babette, also wirklich nicht – verglichen mit andern!... Du bist mein Zeuge, Babette, wenn ein Engel kommt: Ich hatte einen einzigen Fehler auf Erden, ich war zu gutherzig, mag sein, einfach zu gutherzig.

Der Papagei kreischt.

BABETTE Verstehst du, was er ruft?

Der Papagei kreischt.

BIEDERMANN Hast du getötet? Ich frag ja bloß. Hast du es mit andern Göttern gehabt? Das bißchen Yoga. Hast du, Babette, einen Ehebruch begangen?

BABETTE Mit wem?

BIEDERMANN Also. –

Die Hausklingel klingelt.

Wir müssen im Himmel sein.

Auftritt Anna in Häubchen und Schürzchen.

BABETTE Wieso ist Anna im Himmel?

Anna wandelt vorbei, ihr Haar ist lang und giftgrün.

Hoffentlich hat sie's nicht gesehen, Gottlieb, daß du die Streichhölzchen gegeben hast. Sie ist imstand und meldet es.

BIEDERMANN Streichhölzchen!

BABETTE Ich habe dir gesagt, daß es Brandstifter sind, Gottlieb, schon in der ersten Nacht –

Auftreten Anna und der Polizist, der weiße Flügelchen trägt.

ANNA Ich will ihn rufen.

Anna geht hinaus, und der Engel-Polizist wartet.

BIEDERMANN Siehst du?

BABETTE Was?

BIEDERMANN Ein Engel.

Der Polizist salutiert.

BABETTE Ich habe mir die Engel anders vorgestellt.

BIEDERMANN Wir sind nicht im Mittelalter.

BABETTE Hast du dir die Engel nicht anders vorgestellt?

Der Polizist dreht sich um und wartet.

Sollen wir knien?

BIEDERMANN Frag ihn, ob hier der Himmel ist.

Biedermann ermuntert die zögernde Babette durch Nicken.

Sag ihm, wir warten schon eine halbe Ewigkeit.

Babette nähert sich dem Polizisten.

BABETTE Mein Mann und ich –

BIEDERMANN Sag ihm, wir sind Opfer.

BABETTE Mein Mann und ich sind Opfer.

BIEDERMANN Unsere Villa ist eine Ruine.

BABETTE Mein Mann und ich –

BIEDERMANN Sag's ihm!

BABETTE – eine Ruine.

BIEDERMANN Was unsereiner durchgemacht hat, das kann er sich ja nicht vorstellen. Sag's ihm! Wir haben alles verloren. Sag's ihm! Dabei sind wir schuldlos.

BABETTE Das können Sie sich ja nicht vorstellen.

BIEDERMANN Was unsereiner durchgemacht hat.

BABETTE Mein ganzer Schmuck ist geschmolzen!

BIEDERMANN Sag's ihm, daß wir schuldlos sind.

BABETTE Dabei sind wir schuldlos.

BIEDERMANN – verglichen mit andern!

BABETTE – verglichen mit andern.

Der Engel-Polizist nimmt sich eine Zigarre.

POLIZIST Haben Sie Streichhölzchen?

Biedermann erbleicht.

BIEDERMANN Ich? Streichhölzchen? Wieso?

Eine mannshohe Stichflamme schlägt aus dem Boden.

POLIZIST Hier ist ja Feuer, danke, das genügt.

Babette und Biedermann starren auf die Stichflamme.

BABETTE Gottlieb –

BIEDERMANN Still!

BABETTE Was soll das bedeuten?

Auftritt eine Meerkatze.

MEERKATZE Was gibt es denn?

POLIZIST Ein paar Verdammte.

Meerkatze setzt sich eine Brille auf.

BABETTE Gottlieb, den kennen wir doch?

BIEDERMANN Woher?

BABETTE Unser Dr. phil.

Meerkatze nimmt die Rapporte und blättert.

MEERKATZE Wie geht's euch da oben?

POLIZIST Man kann nicht klagen, niemand weiß, wo Gott wohnt, aber allen geht es gut, man kann nicht klagen – danke.

MEERKATZE Wieso kommen die zu uns?

Der Polizist blickt in die Rapporte.

POLIZIST Freidenker.

Meerkatze hat zehn Stempel und stempelt jedesmal.

MEERKATZE DU SOLLST KEINE ANDEREN GÖTTER...

POLIZIST Ein Arzt, der eine falsche Spritze gespritzt hat.

MEERKATZE DU SOLLST NICHT TÖTEN.

POLIZIST Ein Direktor mit sieben Sekretärinnen.

MEERKATZE DU SOLLST DICH NICHT LASSEN GELÜSTEN.

POLIZIST Eine Abtreiberin.

MEERKATZE DU SOLLST NICHT TÖTEN.

POLIZIST Ein besoffener Motorfahrer.

MEERKATZE DU SOLLST NICHT TÖTEN.

POLIZIST Flüchtlinge.

MEERKATZE Was ist ihre Sünde?

POLIZIST Hier: 52 Kartoffeln, 1 Regenschirm, 2 Wolldecken.

MEERKATZE DU SOLLST NICHT STEHLEN.

POLIZIST Ein Steuerberater.

MEERKATZE DU SOLLST KEIN FALSCHES ZEUGNIS...

POLIZIST Noch ein besoffener Motorfahrer.

Meerkatze stempelt wortlos.

Noch ein Freidenker.

Meerkatze stempelt wortlos.

Sieben Partisanen. Sie kamen fälschlicherweise in den Himmel, jetzt hat sich herausgestellt, sie haben geplündert, bevor sie gefangen und an die Wand gestellt und erschossen worden sind.

MEERKATZE Hm.

POLIZIST Geplündert ohne Uniform.

MEERKATZE DU SOLLST NICHT STEHLEN.

POLIZIST Noch eine Abtreiberin.

MEERKATZE DU SOLLST NICHT TÖTEN.

POLIZIST Und das ist der Rest.

MEERKATZE DU SOLLST NICHT EHEBRECHEN.

Meerkatze stempelt mindestens dreizehn Rapporte.

Wieder nichts als Mittelstand! Der Teufel wird eine Freude haben. Wieder nichts als Halbstarke! Ich wage es dem Teufel kaum noch zu melden. Wieder keine einzige Persönlichkeit, die man kennt! Kein einziger Minister, kein einziger Marschall –

POLIZIST Tja.

MEERKATZE Begleiten Sie die Leutchen hinunter, unser Beelzebub hat schon geheizt, glaube ich, oder er ist dabei.

Polizist salutiert und geht.

BABETTE Gottlieb – wir sind in der Hölle!

BIEDERMANN Schrei nicht!

BABETTE Gottlieb –

Babette bricht in Schluchzen aus.

BIEDERMANN Herr Doktor?

MEERKATZE Sie wünschen?

BIEDERMANN Das muß ein Irrtum sein... Das kommt nicht in Frage... Das muß geändert werden... Wieso kommen wir in die Hölle, meine Frau und ich?

Zu Babette:

Beruhige dich, Babette, das muß ein Irrtum sein –

Zur Meerkatze:

Kann ich mit dem Teufel sprechen?

BABETTE Gottlieb –

BIEDERMANN Kann ich mit dem Teufel sprechen?

Meerkatze weist ins Leere, als wären Sessel da.

MEERKATZE Nehmen Sie Platz.

Biedermann und Babette sehen keine Sessel.

Worum handelt es sich?

Biedermann nimmt Ausweise hervor.

Was soll das?

BIEDERMANN Mein Führerschein.

MEERKATZE Brauchen wir nicht.

Meerkatze gibt die Ausweise zurück, ohne sie anzusehen.

Ihr Name ist Biedermann?

BIEDERMANN Ja.

MEERKATZE Biedermann Gottlieb.

BIEDERMANN Kaufmann.

MEERKATZE Millionär.

BIEDERMANN – woher wissen Sie das?

MEERKATZE Wohnhaft Rosenweg 33.

BIEDERMANN – ja...

MEERKATZE Der Teufel kennt Sie.

Babette und Biedermann geben sich einen Blick.

Nehmen Sie Platz!

Es kommen zwei verkohlte Sessel auf die Bühne herab.

Bitte.

BABETTE Gottlieb – unsere Sessel!

MEERKATZE Bitte.

Biedermann und Babette setzen sich.

Sie rauchen?

BIEDERMANN Nicht mehr.

MEERKATZE Ihre eignen Zigarren, Herr Biedermann...

Meerkatze nimmt sich eine Zigarre.

Sie sind verbrannt?

BIEDERMANN Ja.

MEERKATZE Hat es Sie verwundert?

Sieben mannshohe Stichflammen schießen aus dem Boden.

Danke, ich habe Streichhölzchen.

Meerkatze zündet sich die Zigarre an und raucht.

Kurz und gut, was wünschen Sie?

BIEDERMANN Wir sind obdachlos.

MEERKATZE Wollen Sie ein Stück Brot?

BABETTE – Brot?

MEERKATZE Oder ein Glas Wein?

BIEDERMANN Wir sind obdachlos!

Meerkatze ruft.

MEERKATZE Anna!

Meerkatze raucht.

BABETTE Wir wollen nicht Brot und Wein –

MEERKATZE Nein?

BABETTE Wir sind keine Bettler –

BIEDERMANN Wir sind Opfer.

BABETTE Wir wollen keine Barmherzigkeit!

BIEDERMANN Wir sind das nicht gewohnt.

BABETTE Wir haben das nicht nötig!

Anna tritt auf.

ANNA Bitte sehr?

MEERKATZE Sie wollen keine Barmherzigkeit.

ANNA Sehr wohl.

Anna geht.

BIEDERMANN Wir wollen unser Recht.

BABETTE Wir hatten ein Eigenheim.

BIEDERMANN Unser gutes und schlichtes Recht.

BABETTE Unser schlichtes und gutes Eigenheim.

BIEDERMANN Wir fordern Wiedergutmachung!

Meerkatze entfernt sich nach Art von Sekretären wortlos.

BABETTE Wieso meint er, daß der Teufel dich kennt?

BIEDERMANN Keine Ahnung…

Eine Standuhr schlägt.

BABETTE Gottlieb – unsere Standuhr!

Die Standuhr hat neun geschlagen.

BIEDERMANN Wir haben Anspruch auf alles, was verbrannt ist. Wir waren versichert. Ich werde nicht ruhen, bis alles wiederhergestellt ist, glaub mir, so wie es war.

Meerkatze kommt von links zurück.

MEERKATZE Augenblick, Augenblick.

Meerkatze geht nach rechts hinaus.

BIEDERMANN Die Teufel machen sich wichtig!

BABETTE Scht!

BIEDERMANN Es ist aber wahr! Es fehlt jetzt nur noch, daß sie Fingerabdrücke verlangen. Wie in einem Konsulat! Bloß damit man ein schlechtes Gewissen bekommt.

Babette legt ihre Hand auf seinen Arm.

BIEDERMANN Ich habe kein schlechtes Gewissen, sei getrost, ich reg mich nicht auf, Babette, ich werde ganz sachlich sein, ganz sachlich.

Der Papagei kreischt.

Ganz sachlich!

BABETTE Und wenn sie nach den Streichhölzchen fragen?

BIEDERMANN Ich habe sie gegeben. Was weiter! Alle haben Streichhölzchen gegeben. Fast alle! Sonst wäre nicht die ganze Stadt niedergebrannt, ich hab's ja gesehen, wie das Feuer aus allen Dächern schlug. Auch bei Hofmanns! Auch bei Karl! Auch bei Professor Mohr! – ganz abgesehen davon, daß ich in Treu und Glauben gehandelt habe!

BABETTE Reg dich nicht auf.

BIEDERMANN Ich bitte dich: Wenn wir, du und ich, keine Streichhölzchen gegeben hätten, du meinst, das hätte irgend etwas geändert an dieser Katastrophe?

BABETTE Ich habe keine gegeben.

BIEDERMANN Und überhaupt – man kann doch nicht alle, wenn alle dasselbe tun, in die Hölle werfen!

BABETTE Wieso nicht?

BIEDERMANN Ein bißchen Gnade wird's wohl noch geben...

Meerkatze kommt zurück.

MEERKATZE Bedaure! Der Herr der Unterwelt ist noch nicht da. Es sei denn, die Herrschaften wollen mit Beelzebub sprechen?

BABETTE Beelzebub?

MEERKATZE Der ist hier.

BIEDERMANN Beelzebub?

MEERKATZE Der stinkt aber. Wissen Sie, das ist der mit dem Pferdefuß und mit dem Bocksschwanz und mit den Hörnern. Sie kennen ihn! Aber der kann nicht viel helfen, Madame, ein armer Teufel wie Sepp.

BIEDERMANN ———Sepp?

Babette ist aufgesprungen.

Setz dich!

BABETTE Hab ich's dir nicht gleich gesagt, Gottlieb, schon in der ersten Nacht –

BIEDERMANN Schweig!

Biedermann gibt ihr einen Blick, so daß Babette sich setzt.

Meine Frau war herzkrank.

MEERKATZE Ach.

BIEDERMANN Meine Frau konnte oft nicht schlafen. Dann hört man Gespenster aller Art. Aber bei Tageslicht, Herr Doktor, hatten wir keinen Grund zu irgendeinem Verdacht, ich schwöre es Ihnen, nicht eine Sekunde lang...

Babette gibt Biedermann einen Blick.

BIEDERMANN Also ich nicht!

BABETTE Warum hast du sie dann auf die Straße werfen wollen, Gottlieb, eigenhändig und mitten in der Nacht?

BIEDERMANN Ich hab sie ja nicht hinausgeworfen!

BABETTE Eben.

BIEDERMANN Und warum, zum Teufel, hast du ihn denn nicht hinausgeworfen?

BABETTE Ich?

BIEDERMANN Statt ihm ein Frühstück zu geben mit Marmelade und Käse, du mit deinen weichen Eiern, ja, du!

Meerkatze raucht die Zigarre.

Kurz und gut, Herr Doktor, wir hatten damals keine Ahnung, was in unserem Haus vorging, einfach keine Ahnung –

Man hört eine Fanfare.

MEERKATZE Vielleicht ist er das?

BABETTE Wer?

MEERKATZE Der Herr der Unterwelt.

Man hört eine Fanfare.

Er ist zum Himmel gefahren, und es kann sein, daß er sehr vermiest ist, wir haben ihn schon gestern erwartet, es scheint wieder eine zähe Verhandlung gewesen zu sein.

BIEDERMANN Meinetwegen?

MEERKATZE Wegen dieser letzten Amnestie...

Meerkatze flüstert Biedermann ins Ohr.

BIEDERMANN Das hab ich gelesen.

MEERKATZE Und was sagen denn Sie dazu?

Meerkatze flüstert Biedermann ins Ohr.

BIEDERMANN Das versteh ich nicht.

Meerkatze flüstert Biedermann ins Ohr.

Wieso?

Meerkatze flüstert Biedermann ins Ohr.

Glauben Sie?

MEERKATZE Wenn der Himmel sich nicht an die Zehn Gebote hält –

BIEDERMANN Hm.

MEERKATZE Ohne Himmel keine Hölle!

BIEDERMANN Hm.

MEERKATZE Darum geht die Verhandlung!

BIEDERMANN Um die Zehn Gebote?

MEERKATZE Ums Prinzip.

BIEDERMANN Hm.

MEERKATZE Wenn der Himmel meint, daß die Hölle sich alles gefallen läßt –

Meerkatze flüstert Biedermann ins Ohr.

BIEDERMANN Streik –?

Meerkatze flüstert Biedermann ins Ohr.

Glauben Sie?

MEERKATZE Ich weiß es nicht, Herr Biedermann, ich sage bloß, es ist möglich. Sehr möglich. Je nach Ergebnis dieser Verhandlung –

Man hört Fanfaren.

Er kommt!

Meerkatze entfernt sich.

BABETTE Was hat er denn gesagt?

BIEDERMANN Es ist möglich, sagt er, sehr möglich, daß niemand mehr in die Hölle gelassen wird. Von heut an. Verstehst du: Überhaupt niemand mehr.

BABETTE Wieso?

BIEDERMANN Weil die Hölle streikt.

Die Haustür klingelt.

Die Teufel, sagt er, sind außer sich. Sie fühlen sich betrogen, sie haben auf eine Reihe von Persönlichkeiten gehofft, die der Himmel, scheint es, allesamt begnadigt, und die Teufel weigern sich, meint er, unter diesen Bedingungen noch eine Hölle zu führen. Man spreche von einer Höllenkrise.

Anna kommt von links und geht nach rechts hinaus.

Wieso ist Anna in der Hölle?

BABETTE Sie hat mir ein Paar Strümpfe gestohlen. Ich wagte es dir damals nicht zu sagen. Ein Paar neue Nylon-Strümpfe.

Anna kommt und führt die Witwe Knechtling herein.

ANNA Nehmen Sie Platz. Aber wenn Sie die Witwe Knechtling sind, machen Sie sich keine Hoffnung: Ihr Mann ist Selbstmörder. Nehmen Sie Platz! Aber machen Sie sich keine Hoffnung.

Anna geht, und die Witwe Knechtling steht, es ist kein Sessel da.

BABETTE Was will denn die hier?

Biedermann nickt sauer-freundlich hinüber.

Die will uns anzeigen, Gottlieb...

Babette nickt sauer-freundlich hinüber.

BIEDERMANN Soll sie!

Man hört wieder Fanfaren, jetzt näher als das erste Mal.

Das ist ja Unsinn. Warum hat Knechtling nicht eine Woche gewartet und gesprochen mit mir, Herrgottnochmal, in einem günstigen Augenblick? Ich konnte ja nicht wissen, daß Knechtling sich tatsächlich unter den Gasherd legt, Herrgottnochmal, wegen einer Kündigung.

Man hört Fanfaren noch näher.

Also ich hab keine Angst.

Man hört Fanfaren noch näher.

Streichhölzchen! Streichhölzchen!

BABETTE Vielleicht hat's niemand gesehen.

BIEDERMANN Ich verbitte mir dieses Getue wegen einer Katastrophe. Katastrophen hat's immer gegeben! – und überhaupt:

Schau einer sich unsere Stadt an! Alles aus Glas und verchromt! Ich muß schon sagen, einmal offen gesprochen, es ist ein Segen, daß sie niedergebrannt ist, geradezu ein Segen, städtebaulich betrachtet –

Man hört Fanfaren, dann Orgel, in großer und feierlicher Haltung erscheint eine prunkvolle Figur, ungefähr wie ein Bischof gekleidet, aber nur ungefähr. Biedermann und Babette knien an der Rampe nieder. Die Figur steht in der Mitte.

FIGUR Anna?

Die Figur zieht langsam die violetten Handschuhe aus.

Ich komme geradenwegs vom Himmel.

BIEDERMANN Hörst du?

FIGUR Es ist hoffnungslos.

Die Figur wirft den ersten Handschuh hin.

Anna!

Die Figur zieht langsam den andern Handschuh ab.

Ich zweifle, ob es der wahre Himmel ist, was ich gesehen habe, sie behaupten es, aber ich zweifle... Sie tragen Orden, und es riecht nach Weihrauch aus allen Lautsprechern. Eine Milchstraße von Orden habe ich gesehen, ein Fest, daß es dem Teufel graust: All meine Kunden habe ich wiedergesehen, meine Großmörder alle, und die Engelein kreisen um ihre Glatzen, man grüßt sich, man wandelt und trinkt Halleluja, man kichert vor Begnadigung – die Heiligen schweigen auffallend, denn sie sind aus Stein oder Holz, Leihgaben, und die Kirchenfürsten (ich habe mich unter die Kirchenfürsten gemischt, um zu erfahren, wo Gott wohnt) schweigen auch, obschon sie nicht aus Stein oder Holz sind...

Die Figur wirft den Handschuh hin.

Anna?

Die Figur nimmt die Kopftracht ab, es ist Eisenring.

Ich habe mich verkleidet. Und die an der Macht sind da oben und sich selbst begnadigen, siehe, sie haben mich nicht erkannt: – Ich habe sie gesegnet.

Auftreten Anna und Meerkatze, die sich verneigen.

Man enthülle mich!

Die Figur, nach wie vor in großer Haltung, streckt beide Arme aus, damit die vier seidenen Gewänder aufgeknöpft werden können, ein erstes: silberweiß, ein zweites: golden, ein drittes: violett, ein letztes: blutrot. Die Orgel verstummt. Biedermann und Babette knien an der Rampe.

Man bringe meinen Frack.

ANNA Sehr wohl.

FIGUR Und meine Perücke als Oberkellner.

Sie lösen das erste Gewand ab.

Ich zweifle, ob es der liebe Gott ist, der mich empfangen hat: – er weiß alles, und wenn er die Stimme erhebt, so sagt er genau, was in den Zeitungen steht, wörtlich.

Der Papagei kreischt.

Wo ist Beelzebub?

MEERKATZE Bei den Heizkesseln.

FIGUR Er soll erscheinen.

Es wird plötzlich sehr rot.

Wieso dieser Feuerschein?

MEERKATZE Er heizt. Soeben sind ein paar Verdammte eingetroffen – nichts Namhaftes, nein, so das Übliche...

Sie lösen das zweite Gewand ab.

FIGUR Er soll die Heizkessel löschen.

MEERKATZE Löschen?

FIGUR Löschen.

Der Papagei kreischt.

Wie geht's meinem Papagei?

Die Figur bemerkt Biedermann und Babette.

Fragt die Leut, warum sie beten.

MEERKATZE Sie beten nicht.

FIGUR Aber sie knien –

MEERKATZE Sie wollen ihr Eigenheim.

FIGUR Was wollen sie?

MEERKATZE Wiedergutmachung.

Der Papagei kreischt.

FIGUR Ich liebe meinen Papagei. Das einzige Lebewesen, das nicht seine Schlagwörter wechselt! Ich fand es in einem bren-

nenden Haus damals. Ein treues Biest! Ich will es auf meine
rechte Schulter setzen, wenn ich wieder auf die Erde geh.
Sie lösen das dritte Gewand ab.
Und jetzt, Mädelchen, meinen Frack!

ANNA Sehr wohl.

FIGUR Und Sie, Doktor, holen die Fahrräder. Sie erinnern sich?
Die zwei verrosteten Fahrräder.
Meerkatze und Anna verneigen sich und gehen.

BIEDERMANN Willi! – das ist er doch?... Ich bin der Gottlieb,
euer Freund – Willi, erinnerst du dich nicht?
Die Figur löst das vierte und letzte Gewand ab.

BABETTE Wir sind schuldlos, Herr Eisenring. Wieso kommen
wir zu Ihnen, Herr Eisenring. Wir sind Opfer, Herr Eisenring.
Mein ganzer Schmuck ist geschmolzen –
Die Figur steht in Hemd und Socken.

BIEDERMANN Warum tut er, als kenne er uns nicht?

BABETTE Er schämt sich, schau nicht hin?
Anna bringt die Frackhosen.

FIGUR Danke, Mädelchen, danke sehr.
Anna will gehen.
Anna!

ANNA Bitte sehr.

FIGUR Bringen Sie zwei Kissen aus Samt.

ANNA Sehr wohl.

FIGUR Für die Herrschaften, die knien.

ANNA Sehr wohl.
Anna geht hinaus, und die Figur steigt in die Frackhose.

BIEDERMANN Willi –

BABETTE Sie erinnern sich an uns, Herr Eisenring, ganz bestimmt, meine Gans war Klasse, das sagten Sie selbst.

BIEDERMANN Gans und Pommard!

BABETTE Gefüllt mit Kastanien.

BIEDERMANN Und Rotkraut dazu.

BABETTE Und candle-light, Herr Eisenring, candle-light!

BIEDERMANN Und wie wir zusammen gesungen haben –

BABETTE Ach ja.

BIEDERMANN Erinnerst du dich wirklich nicht?

BABETTE Es war ein reizender Abend.

BIEDERMANN Neunundvierziger, Willi, Cave de l'Echannon! Die beste Flasche aus meinem Keller. Willi? Hab ich nicht alles gegeben, damit wir Freunde werden?

Die Figur wischt über die Frackhosen.

Du bist mein Augenzeuge, Babette: Hab ich nicht alles gegeben, was ich im Haus hatte?

BABETTE Sogar die Streichhölzchen.

Anna bringt zwei rote Kissen aus Samt.

FIGUR Danke, Mädelchen, danke sehr.

Anna bringt die Kissen zu Biedermann und Babette.

ANNA Sonst noch etwas?

Biedermann und Babette knien auf den roten Kissen.

FIGUR Meine Weste, Mädelchen, meine Weste!

ANNA Sehr wohl.

FIGUR Und die Perücke!

Anna geht, und die Figur bindet die Krawatte.

Cave de l'Echannon –?

Biedermann nickt und strahlt vor Zuversicht.

Ich erinnere mich an alles, Gottlieb, sehr genau, wie nur der Teufel sich erinnert: Du hast angestoßen, um Bruderschaft zu trinken mit uns, und hast es nicht lassen können – es war peinlich genug! – den Teufel auf die Wange zu küssen.

Der Papagei kreischt.

BIEDERMANN Wir haben nicht gewußt, Willi, daß ihr die Teufel seid. Ehrenwort! Wenn wir gewußt hätten, daß ihr wirklich die Teufel seid –

Auftritt Sepp als Beelzebub mit Pferdefuß, Bocksschwanz und Hörnern; dazu trägt er eine große Kohlenschaufel.

BEELZEBUB Was ist denn los?!

FIGUR Brüll nicht.

BEELZEBUB Wieso kleidest du dich um?

FIGUR Wir müssen wieder auf die Erde, Sepp.

Anna bringt die weiße Weste.

Danke, Mädelchen, danke sehr.

Die Figur zieht die Weste an.

Hast du die Heizkessel gelöscht?

BEELZEBUB Nein.

FIGUR Tu, was ich dich heiße.

Der Feuerschein wird stärker als zuvor.

BEELZEBUB Die Kohle ist drin!...

Anna bringt den Frack.

FIGUR Augenblick, Mädelchen, Augenblick!

Die Figur knöpft die Weste.

Ich bin im Himmel gewesen –

BEELZEBUB Und?

FIGUR Ich habe verhandelt und verhandelt, ich habe alles versucht und nichts erreicht. Sie geben keinen einzigen heraus. Es ist hoffnungslos.

BEELZEBUB Keinen einzigen?

FIGUR Keinen einzigen.

Anna hält den Frack.

FIGUR Doktor?

MEERKATZE Zu Diensten.

FIGUR Rufen Sie die Feuerwehr.

Meerkatze verneigt sich und geht.

BEELZEBUB Sie geben keinen einzigen heraus?!

FIGUR Wer eine Uniform trägt oder getragen hat, als er tötete, oder zu tragen verspricht, wenn er tötet oder zu töten befiehlt, ist gerettet.

BEELZEBUB – gerettet?!

FIGUR Brüll nicht.

BEELZEBUB – gerettet?!

Man hört das Echo von oben.

ECHO Gerettet.

FIGUR Hörst du's?

ECHO Gerettet. Gerettet. Gerettet.

Beelzebub glotzt nach oben.

FIGUR Zieh deinen Plunder ab, Sepp, wir müssen wieder an die Arbeit.

Auftritt der Chor

CHOR Wehe! Wehe! Wehe!

BABETTE Gottlieb?

BIEDERMANN Still!

BABETTE Was machen die hier?

CHOR Bürger der Vaterstadt, seht
Unsere Ohnmacht:
Wächter der Vaterstadt einst,
Sorgsam im Löschen geschult,
Trefflichgerüstete, ach,
Sind wir verdammt,
Ewig das Feuer der Hölle zu schauen,
Freundlichgesinnte dem schmorenden Bürger,
Machtlos.

FIGUR Meine Herrn, löschen Sie die Hölle!
Der Chor ist sprachlos.
Ich denk ja nicht daran, eine Hölle zu führen für Biedermän-
ner und Intellektuelle, Taschendiebe, Ehebrecher und Dienst-
mädchen, die Nylon-Strümpfe gestohlen haben, und Kriegs-
dienstverweigerer – ich denk ja nicht daran!
Der Chor ist sprachlos.
Worauf warten Sie?

CHOR Wir sind bereit.
Sorgsam gerollt sind die Schläuche, die roten,
Alles laut Vorschrift,
Blank ist und sorgsam geschmiert und aus Messing
Jeglicher Haspel,
Jedermann weiß, was zu tun ist,
Blank auch und sorgsam geprüft,
Daß es an Druck uns nicht fehle,
Ist unsere Pumpe,
Gleichfalls aus Messing.

CHORFÜHRER Und die Hydranten?

CHOR Jedermann weiß, was zu tun ist.

CHORFÜHRER Wir sind bereit. –
Die Figur ordnet sich den Frack.

FIGUR Also los.

Der Feuerschein ist wieder sehr stark.

CHORFÜHRER An die Schläuche!

An die Pumpe!

An die Leiter!

Die Feuerwehrmänner rennen an ihre Plätze und rufen:

CHOR Bereit.

CHORFÜHRER Wir sind bereit.

FIGUR Bitte.

Man hört das Zischen der Hydranten, der Feuerschein läßt nach.

MEERKATZE Also, Herr Biedermann, es ist so, wie ich vermutet habe: –

FIGUR Doktor!

MEERKATZE Bitte sehr.

FIGUR Unsere Fahrräder!

MEERKATZE Sehr wohl.

FIGUR Und meine Perücke, Mädelchen, meine Perücke!

ANNA Sehr wohl.

FIGUR Und meinen Papagei! *Meerkatze und Anna gehen.*

BEELZEBUB Mein Kinderglaube! Mein Kinderglaube! Du sollst nicht töten, ha, und ich hab's geglaubt. Was machen die aus meinem Kinderglauben!

Die Figur putzt sich die Fingernägel.

Ich, Sohn eines Köhlers und einer Zigeunerin, die nicht lesen konnte, sondern nur die Zehn Gebote im Kopf hatte, ich bin des Teufels. Wieso? Bloß weil ich alle Gebote verhöhnt hab. Scher dich zur Hölle, Sepp, du bist des Teufels! das sagten mir alle, und ich habe mich geschert. Ich habe gelogen, weil dann alles besser ging, und wurde des Teufels. Ich habe gestohlen, wo es mich gelüstete, und wurde des Teufels. Ich habe gehurt, was da vorbeikam, siehe, Lediges und Verheiratetes, denn es gelüstete mich, und ich fühlte mich wohl, wenn ich mich gelüsten ließ, und wurde des Teufels.

Und sie fürchteten mich in jedem Dorf, denn ich war stärker als alle, weil ich des Teufels war. Ich stellte ihnen das Bein, wenn sie zur Kirche gingen, denn es gelüstete mich, ich zündete ihre Ställe an, während sie da beteten und sangen, jeden Sonntag, denn es gelüstete mich, und ich lachte über ihren lieben Gott, der mir nicht beikam. Wer fällte die Tanne, die meinen Vater erschlug, am hellichten Tag, und meine Mutter, die für mich betete, starb vor Kummer über mich, und ich kam ins Waisenhaus, um es anzuzünden, und in den Zirkus, um ihn anzuzünden, denn es gelüstete mich mehr und mehr, und ich legte Feuer in allen Städten, bloß um des Teufels zu sein – Du sollst! Du sollst nicht! Du sollst! denn wir hatten nicht Zeitung noch Rundfunk da draußen im Wald, sondern bloß eine Bibel, siehe, und so glaubte ich's, daß man des Teufels sei, wenn man tötet und schändet und mordet und jegliches Gebot verhöhnt und ganze Städte mordet – so glaubte ich's!...

Die Figur lacht.

's ist nicht zum Lachen, Willi!

Anna bringt die Perücke.

FIGUR Danke, Mädelchen, danke sehr.

Meerkatze bringt zwei verrostete Fahrräder.

BEELZEBUB 's ist nicht zum Lachen, ich möchte kotzen, wenn ich den Lauf der Zeiten seh. Was machen die aus meinem Kinderglauben! Ich kann nicht soviel fressen, wie ich kotzen möchte.

Die Figur hat sich die Perücke angezogen.

FIGUR Mach dich bereit!

Die Figur nimmt ein verrostetes Fahrrad.

Ich brenne darauf, meine alte Kundschaft wiederzusehen, die feinen Leut, die niemals in die Hölle kommen, und sie von neuem zu bedienen – ich brenne drauf!... Noch einmal Funken und prasselnde Flammen, Sirenen, die immer zu spät sind, Hundegebell und Rauch und Menschenschrei – und Asche!

Beelzebub schnallt sich den Bocksschwanz ab.

FIGUR Bist du bereit?

BEELZEBUB Augenblick –

Die Figur schwingt sich auf den Sattel und klingelt.

Ich komm ja schon.

Beelzebub schnallt sich den Pferdefuß ab.

CHORFÜHRER Pumpe halt!

Schläuche nieder!

Wasser halt!

Der rote Feuerschein verschwindet gänzlich.

FIGUR Bereit?

Beelzebub nimmt sich das andere Fahrrad.

BEELZEBUB Bereit!

Beelzebub schwingt sich auf den Sattel und klingelt.

FIGUR Und deine Hörner?

Beelzebub muß noch die Hörner abnehmen.

Anna?

ANNA Bitte sehr.

FIGUR Danke, Mädelchen, danke sehr für alle deine Dienste. Warum bist du mürrisch von früh bis spät? Ein einziges Mal hast du gelacht. Erinnerst du dich? – als wir das Liedchen sangen vom Fuchs und von der Gans und vom Schießgewehr.

Anna lacht.

Wir werden's wieder singen!

ANNA O bitte!

Auftritt der Chor.

CHOR Bürger der Vaterstadt, seht –

FIGUR Fassen Sie sich kurz!

CHOR – die Hölle ist gelöscht.

FIGUR Danke. –

Die Figur greift in die Hosentasche.

Hast du Streichhölzer?

BEELZEBUB Ich nicht.

FIGUR Ich auch nicht.

BEELZEBUB Immer das gleiche!

FIGUR Man wird sie uns schenken…

Meerkatze bringt den Papagei.

Mein Papagei!

Die Figur setzt sich den Papagei auf die rechte Schulter.

Damit ich es nicht vergesse, Doktor: Hier werden keine Seelen mehr angenommen. Sagen Sie den braven Leutchen, die Hölle streikt. Und wenn ein Engel uns sucht, sagen Sie, wir sind auf der Erde.

Beelzebub klingelt.

Also los.

Schmitz und Eisenring fahren los und winken.

BEIDE Alles Gute, Gottlieb, alles Gute!

Vortritt der Chor.

CHOR Strahl der Sonne,

    Wimper, o göttlichen Auges,

    Aufleuchtet noch einmal

    Tag –

CHORFÜHRER Über der wiedererstandenen Stadt.

CHOR Halleluja!

Der Papagei kreischt in der Ferne.

BABETTE Gottlieb?

BIEDERMANN Still jetzt.

BABETTE Sind wir jetzt gerettet?

BIEDERMANN Nur jetzt nicht den Glauben verlieren.

Die Witwe Knechtling geht.

CHOR Halleluja!

BABETTE Die Knechtling ist gegangen –

CHOR Schöner denn je

    Wiedererstanden aus Trümmern und Asche

    Ist unsere Stadt,

    Gänzlich geräumt und vergessen ist Schutt,

    Gänzlich vergessen auch sind,

    Die da verkohlten, ihr Schrei

    Aus den Flammen –

BIEDERMANN Das Leben geht weiter.

CHOR Gänzlich Geschichte geworden schon sind sie.

    Und stumm.

CHORFÜHRER Halleluja!

CHOR Schöner denn je,

    Reicher denn je,

    Turmhoch-modern,

    Alles aus Glas und verchromt,

    Aber im Herzen die alte,

    Halleluja,

Wiedererstanden ist unsere Stadt!

Eine Orgel setzt ein.

BABETTE Gottlieb?

BIEDERMANN Was denn?

BABETTE Glaubst du, wir sind gerettet?

BIEDERMANN – ich glaub schon...

Die Orgel schwillt, Biedermann und Babette knien, der Vorhang fällt.

Daten zu *Biedermann und die Brandstifter*

Das Stück, 1957/58 entstanden aus dem Hörspiel *Herr Bieder-mann und die Brandstifter*, ist uraufgeführt worden zusammen mit dem Schwank *Die große Wut des Philipp Hotz*; das Nach-spiel, später verfaßt, war besonders für deutsche Aufführungen bestimmt; die Erfahrung hat den Verfasser belehrt, daß das Stück auch ohne das Nachspiel aufgeführt werden kann.

Uraufführung: Schauspielhaus Zürich am 29. 3. 1958.
Regie: Oskar Wälterlin.
Deutsche Erstaufführung mit Uraufführung des Nachspiels:
Städtische Bühnen Frankfurt am Main am 28. 9. 1958.
Regie: Harry Buckwitz